Geschichte und Abenteuer

Von der Nachkriegszeit
bis zur Gegenwart

Eine Sammlung von Jugendbuchauszügen
für den Geschichtsunterricht

Ausgewählt und herausgegeben
von Martin Kronenberg

C. C. Buchners Verlag, Bamberg

Geschichte und Abenteuer, Heft 5

Von der Nachkriegszeit bis zur Gegenwart
Eine Sammlung von Jugendbuchauszügen für den Geschichtsunterricht
ausgewählt und herausgegeben von

Martin Kronenberg

Lektorat
Klaus Dieter Hein-Mooren

Lektoratsassistenz
Stefanie Wendland

1. Auflage[4321] 1999 98 97 96

Die letzte Zahl bedeutet das Jahr dieses Druckes.

Einband
C. C. M., Bamberg

Satz
DW & ID Repro- und Satzzentrum GmbH, Hohenossig
Druck- und Bindearbeiten
INTERDRUCK Graphischer Großbetrieb GmbH, Hohenossig

ISBN 3 7661 **4585** 1

Inhaltsverzeichnis

Was wird hier geboten?

Die meisten der hier zusammengestellten 17 Geschichten haben eine Gemeinsamkeit: Sie zeigen, daß auch nach dem Grauen des Zweiten Weltkrieges die Menschen nicht in Frieden leben konnten. In der unmittelbaren Nachkriegszeit machten Hunger, Zerstörung, Flucht und Vertreibung das Überleben schwer, dies wird in den Geschichten von Paul Maar, Gudrun Pausewang und Klaus Kordon deutlich. Hinzu kam rasch neues Leid, das im Namen einer Weltanschauung verhängt wurde. Der Beitrag von Josef Reding über ein sowjetisches Gefangenenlager steht dafür. Die Auswirkungen des nach 1945 einsetzenden „Kalten Krieges" waren für viele Kinder, Frauen und Männer alles andere als „kalt". Die Texte über den Ungarn-Aufstand von Hans Georg Noack und den Bau der Berliner Mauer von Klaus Kordon machen dies ebenso deutlich wie die weltweite Momentaufnahme, die Otto Zierer im Zusammenhang mit der Mondlandung zusammengestellt hat. Die Ausführungen zur Kulturrevolution in der Volksrepublik China zeigen, daß es auch unabhängig vom Kalten Krieg menschenverachtende Entwicklungen im Namen einer Ideologie gab.
Nicht nur die Mißachtung der Menschenrechte und des Selbstbestimmungsrechts der Völker durch diktatorische Regime erzeugten Leid. Dies beweist der Kampf der Farbigen in den USA gegen die Rassendiskriminierungen. Die von Martin Luther King gewählten Methoden des gewaltlosen Widerstands und des zivilen Ungehorsams gegenüber den Regierenden erwiesen sich bis in die Gegenwart als wirkungsvolle Mittel des politischen Wandels. Daher steht die von Arnulf Zitelmann erzählte Episode aus dem Leben des großen Bürgerrechtlers am Anfang des zweiten Teils dieser Sammlung. Die Texte von Wolfgang Bittner und Jan de Zanger machen deutlich, daß Wachsamkeit und Zivilcourage nötig sind, um sich nicht von dem seit den 70er Jahren wachsenden neonazistischen Gedankengut und dem damit verbundenen Rechtsextremismus verführen zu lassen. Die Forderung nach Verwirklichung der Menschenrechte trug mit dazu bei, daß 1989/90 die kommunistischen Regierungen im Ostblock ihre diktatorische Herrschaft aufgeben mußten. Die Erzählung über die Leipziger Montagsdemonstration vom 9. Oktober 1989 von Gunter Preuß steht hier stellvertretend für den Mut der Menschen, mit gewaltlosen Mitteln gegen die kommunistischen Diktaturen vorzugehen. Der von Beken B. Ibraimow verfaßte Abschiedsbrief eines Strahlenopfers wurde ausgewählt, um an einem Beispiel auf die umfassenden Risiken für uns und unseren Planeten aufmerksam zu machen, die mit Beginn des Atomzeitalters entstanden sind. Und die Auszüge aus dem Tagebuch der Zlata Filipović sollen zeigen, welche menschenverachtende Wirkung in der rücksichtslosen Verwirklichung des Selbstbestimmungsrechts der Völker im ehemaligen Jugoslawien lag.
Wie in den bereits erschienenen vier Heften der Reihe **Geschichte und Abenteuer** sind hier vor allem Auszüge aus Jugendbüchern zusammengestellt worden. Alle Beiträge wurden mit *Einführungen* versehen, um den Einblick in die geschichtlichen Zusammenhänge zu erleichtern; einzelne *Anmerkungen* erklären darüber hinaus Begriffe, Namen und Anspielungen.
Eine *Zeittafel,* die direkt auf die ausgewählten Geschichten Bezug nimmt und sie in den geschichtlichen Zusammenhang einordnet, steht auf Seite 78. Weitere kommentierte *Lesetips* befinden sich auf den letzten Seiten.

Geschichten aus der Zeit von 1945 bis 1961

Leben in Trümmern

PAUL MAAR

Das deutsche Unrechtsregime hatte Zerstörung und Tod gebracht. Weite Teile Europas lagen in Trümmern. Not und Hunger gehörten zum Alltag der Überlebenden. Deutschland selbst schien im Mai 1945 ein in Auflösung befindliches Land zu sein. Jeder zweite Deutsche war bei Kriegsende unterwegs. Frauen suchten ihre Männer, Eltern ihre Kinder, Kinder ihre Angehörigen. Soldaten kehrten an ihre zerstörten Wohnorte zurück. Flüchtlinge, Vertriebene und Ausgebombte waren auf der Suche nach einem Dach über dem Kopf. In den zerstörten Städten herrschte überdies unvorstellbare Wohnungsnot. Allein in den drei westlichen Besatzungszonen waren fast drei Millionen Wohnungen total zerstört oder so schwer beschädigt, daß ihr Wiederaufbau unmöglich war. Wo vor dem Krieg vier Menschen wohnten, mußten nach Kriegsende durchschnittlich zehn leben.
Paul Maar beschreibt in seinem Roman „Kartoffelkäferzeiten" die Zeit zwischen Kriegsende und dem beginnenden Wirtschaftswunder in einem kleinen Ort in Franken. Die folgende Episode gibt einen Einblick in die Nöte jener Zeit.

Deine Mama und ich haben uns überlegt, daß wir Oma Elsbeth zu uns holen sollten. Sie wohnt ganz allein in dieser Kellerwohnung. Wenn es erst mal richtig kalt wird, erfriert sie uns noch! Die in der Stadt kriegen viel weniger Holz und Kohlen als wir. Die Kohlenwaggons kommen manchmal völlig leer an in Nürnberg, ich hab's gestern erst in der Zeitung gelesen. Das wird alles gestohlen unterwegs."
Oma Elsbeth also! Johanna hatte sie zuletzt vor zwei Jahren gesehen, als sie mit Mama in Nürnberg war, um sie nach Hesterhausen zu holen.
Oma Elsbeth war die Mutter von Johannas Vater. Wie Oma Mariechen war sie Witwe, Johanna hatte ihren Großvater nie kennengelernt. Sie nannte sich „Geschäftsfrau", denn nach dem Tod ihres Mannes hatte sie einen kleinen Kurzwarenladen im Erdgeschoß ihres Hauses allein weitergeführt. Dann waren Haus und Laden bei einem Bombenangriff zerstört worden. Nur der Keller war erhalten geblieben, dort hatte sie sich mit den Resten ihrer Habe eingenistet.[1])
Johanna und ihre Mutter waren fast eine halbe Stunde umhergeirrt, ohne Oma Elsbeths Wohnung zu finden. Die Adresse lautete „Tucherstraße", aber von einer Straße konnte keine Rede sein. Das ganze Viertel war eine Schutthalde, eine schier endlose Anhäufung von Mauertrümmern, Backsteinen und Mörtelbrocken, manchmal zu einem kleinen Hügel getürmt,

1) Über 50 Prozent der Stadt Nürnberg waren 1945 zerstört.

aus dem ein stehengebliebener Kamin ragte. Wenn man genau hinsah, erkannte man die Trampelpfade zwischen den Steinen, kleine improvisierte Wege, sogar Andeutungen von Treppen, aus Ziegelsteinen unbeholfen aufgeschichtet: Alles Zeichen für die unfaßbare Tatsache, daß in diesem Trümmerhaufen Menschen wohnten.

Vom ursprünglichen Verlauf der Straßen war in dieser Steinwüste nichts mehr zu erkennen.

Schließlich hatten sie diese magere junge Frau im Soldatenmantel getroffen, die ihnen weiterhalf. Sie war mit einem Kind auf dem Rücken aus einer Eisentür am Grund eines Bombentrichters gekommen. Wie sich schnell herausstellte, kannte sie Oma Elsbeth und führte die beiden Verirrten bereitwillig zu einer schmalen Steinschlucht, dem Eingang zu Oma Elsbeths Kellerwohnung.

Oma Elsbeth hatte sich sehr über den Besuch gefreut, auch über das mitgebrachte Schwarzbrot und die fünf Eier. Sie kam gar nicht mehr aus dem Staunen heraus, wie groß ihre Enkelin in der Zwischenzeit geworden war, lobte ihre gesunde Gesichtsfarbe und stellte fest, sie ähnle so sehr ihrem Vater, daß sie Johanna am liebsten ständig um sich hätte.

Das wäre gut möglich gewesen, sie hätte nur mitkommen müssen nach Hesterhausen. Aber sie wollte ja nicht. Sie gehöre hierher in ihre Wohnung, in die Großstadt und nicht auf ein kleines Bauerndorf, hatte sie gesagt und sich strikt geweigert mitzukommen.

So war Johannas Mutter mit Johanna alleine zum Bahnhof zurückgegangen und heimgefahren.

Es war also recht unwahrscheinlich, daß Oma Elsbeth diesmal bereit sein sollte, nach Hesterhausen umzuziehen.

„Meinst du, Oma Elsbeth kommt wirklich?“ fragte Johanna.

„Ich glaube, sie will in Nürnberg bleiben wie damals auch.“

„Es kann schon sein, daß sie kommt. Schließlich wird sie nicht jünger. Und noch so ein Winter in den Trümmern? Ich glaube, sie wird zusagen. Jedenfalls haben wir ihr einen langen Brief geschrieben und sie herzlich eingeladen“, sagte Oma Mariechen.

„Für immer?“

„Wenn sie kommt, wird es wohl für immer sein.“

„Haben wir denn genügend zu essen für sie?“

Oma Mariechen hatte sich darüber wohl auch schon Gedanken gemacht. Jedenfalls kam ihre Antwort schnell und ohne Nachdenken.

„Unsere Gastwirtschaft und der Garten haben uns bis jetzt schlecht und recht ernährt. Ich denke, wir werden auch Elsbeth mit durchschleppen können. Wir haben den kleinen Kartoffelacker, ein Schwein und unsere Hühner, was wollen wir mehr! Außerdem bringt sie ja ihre Lebensmittelkarten mit. Alte Frauen essen sowieso nicht mehr so viel. Sie brauchen weniger Essen und weniger Schlaf, das siehst du doch an mir."

„Du bist doch noch nicht alt!" sagte Johanna. „Lange nicht so alt wie Oma Elsbeth."

„Um so wichtiger, daß wir sie zu uns holen!"

„Ich glaube nicht, daß sie kommt", sagte Johanna.

„Und ich glaube, diesmal wird sie kommen!" antwortete Oma Mariechen. „Wir werden ja sehen." ■

Paul Maar, Kartoffelkäferzeiten. Hamburg: Oetinger 1990, S. 35–38

Friedloser Friedensanfang

Gudrun Pausewang

Schon mit Beginn des Zweiten Weltkrieges hatten die Nationalsozialisten etwa neun Millionen Menschen in dem von ihnen beherrschten Teilen Ostmitteleuropas „eingedeutscht", „umgevolkt" oder „verschleppt". Allein 1,2 Millionen Polen mußten nach 1939 ihre Heimat verlassen. Mit dem Ende des Krieges begann eine neue, noch gewaltigere Vertreibungswelle. Sie bedeutete für etwa 20 Millionen Menschen (Polen, Tschechen, Slowaken, Ukrainer, Weißrussen, Litauer, Ungarn und vor allem Deutsche) den Verlust ihrer Heimat. Für etwa zwölf Millionen Deutsche aus den östlichen Gebieten des Deutschen Reiches (Ostpreußen, Pommern, Brandenburg und Schlesien) sowie den alten Siedlungsgebieten in Ost- und Südosteuropa wurden Flucht und Vertreibung zum bitteren Schicksal. Allein aus der Tschechoslowakei wurden nach 1945 etwa 80 000 Menschen vertrieben. Insgesamt kamen durch Flucht und Vertreibung zwei Millionen Menschen ums Leben.

Die 1928 in Böhmen geborene Schriftstellerin Gudrun Pausewang hat ihre Kindheit in einem kleinen Ort im Norden der Tschechoslowakei verbracht, der 1938 ins „Großdeutsche Reich" eingegliedert worden war. In ihrem Buch „Fern von Rosinkawiese" beschreibt sie, was für sie und ihre Familie die ersten Friedenstage bedeuteten.

Kriegsende. Das bedeutete Leben ohne Krieg. Wie war das? Ich, die ich so viel Phantasie besaß, konnte mir den Frieden nicht vorstellen.

„Er wird für uns härter werden als der Krieg", meinte die Mutter. „Die Russen und die Tschechen werden sich an uns rächen." Auch das konnte ich mir nicht vorstellen. Waren wir nicht das Herrenvolk? So hatten wir es in der Schule gelernt. Und nun sollten andere über uns Herren sein? Hatten wir Unrecht getan? Hätten wir vom Recht der Stärkeren nicht Gebrauch machen dürfen? War etwa doch nicht alles lautere Wahrheit gewesen, was man uns beigebracht hatte?

[...]

Immer wieder lauschten wir vor dem Radio. Ein deutscher Sender nach dem anderen verstummte. Einer der wenigen, die noch übriggeblieben waren, berichtete vom Zusammenbruch der schlesischen Front. Also

strömten die Russen jetzt wohl auch schon in die schlesischen Niederungen nördlich unserer Berge ein. So war den flüchtenden Deutschen nur noch der Weg über die hintereinanderliegenden Kämme des Adlergebirges und des Riesengebirges nach Nordwesten offen, wenn sie nicht in die Hände der Russen oder Tschechen fallen wollten. Es konnte nicht mehr lange dauern, bis er hoffnungslos verstopft sein würde.
„Das gibt eine Panik", meinte die Mutter.
Am 8. Mai wagte sie nicht mehr, mit uns in dem einsamen Haus zu bleiben. Wir packten das Nötigste in ein paar Koffer, luden sie auf unseren Handwagen und fuhren ins Dorf zu Vaters Cousine, die wir Tante Emma nannten. Anna, unsere Ukrainerin, ging mit uns. Sie war glücklich: Jetzt würde sie bald heimkehren können, zusammen mit den anderen Ukrainern, die in Wichstadtl lebten. Mit Gewalt war sie 1941 zusammen mit einer Gruppe anderer junger Frauen von deutscher Gendarmerie aus ihrem Dorf fortgeschafft und nach Deutschland transportiert worden. Tausende solcher „Ostarbeiterinnen" und „Ostarbeiter" arbeiteten in den Rüstungsbetrieben und in der Landwirtschaft, alle mit mehr oder weniger Gewalt aus ihren Familien, ihren Dörfern gerissen und als zweitklassiges „Menschenmaterial" behandelt.[1)] Obwohl Anna uns liebte und an unserer Mutter hing, freute sie sich natürlich darauf, ihre Eltern und Geschwister wiederzusehen. Unter den Ukrainern schien schon alles abgesprochen zu sein. Sie wollten nur noch abwarten, bis die Straßen nach Osten wieder einigermaßen frei waren.
[...]
In Wichstadtl herrschte Ratlosigkeit. Die halbe Bevölkerung hatte sich auf dem Marktplatz zusammengefunden, um sich zu beraten. Man sprach immer wieder von einem deutschen General, der angeblich, um eine geordnete Flucht zu ermöglichen, mit seinen Leuten östlich von uns die Front hielt. Von einer Wendung in letzter Minute, von Wundern, die in den Gerüchten der letzten Kriegsmonate eine so große Rolle gespielt hatten, war nicht mehr die Rede. Wer hier nicht angstgetrieben herumhorchte und Pläne aufstellte und verwarf, vergrub daheim die Silberlöffel. Auch wir hatten eine Uhr samt Kette und einige silberne Schöpfkellen im Garten verscharrt, und auf dem Heuboden standen, gut versteckt, ein paar Gläser mit Honig.
Auch der Bürgermeister stand auf dem Marktplatz, ratlos wie alle anderen. Der Ort war zur Evakuierung freigegeben worden. Das hieß also, daß die Front nicht mehr weit entfernt war. Aber wo hätten die Wich-

1) Etwa 12 Millionen ausländische Zivilisten – darunter auch Kinder und Jugendliche – hatten während der Kriegszeit für die Deutschen arbeiten müssen.

stadtler hinfliehen sollen? Nach Süden, zu den Tschechen? Nach Norden, zu den Russen? Und der Weg übers Gebirge nach Westen war voll von Flüchtlingen und Militärkolonnen. Überhaupt – ihre Häuser, ihr Dorf freiwillig zu verlassen, das konnten sich die Wichstadtler nicht vorstellen. Und so blieben sie.

„'s wird schon nicht so schlimm werden", meinte eine alte Frau. „Wenn ein Russe in unsere Stube kommt, mach ich ihm ein Glas Eingemachtes auf."

So wie diese alte Wichstadtlerin aber dachten die meisten nicht. Zu tief saß die Furcht vor den „Untermenschen". Zu lange und zu geschickt hatten die Nazis dieses Feindbild aufgebaut. Auch hatten in den letzten Wochen die Berichte der Flüchtlinge aus Ostpreußen, Pommern, dem Warthegau und Schlesien über die Geschehnisse während des Russeneinmarschs die Furcht noch angefacht.

Ich erinnere mich, daß ich auch bei Tante Emma immer wieder an den Knöpfen des Radios drehte. Aber ich bekam nur noch einen einzigen deutschen Sender herein. Er bestätigte, was wir schon vermutet hatten: daß Wichstadtl in einem schmalen Fluchtkorridor lag, der von Norden und Süden in die Zange genommen wurde.

Dann erwischte ich einen englischsprachigen Sender. Mein Schulenglisch war bescheiden, und was ich da hörte, hätte ich am liebsten nicht verstanden. Ich hoffte, mich verhört zu haben. Aber der Satz wiederholte sich: *War on all fronts of Europe has ended.*

Ich empfand kein bißchen Freude, sondern Beklemmung. Frieden: Das bedeutete für uns, daß wir Deutschen den Krieg unwiderruflich verloren hatten. Daß uns kein Wunder mehr vor der Besetzung des Dorfes durch die Russen retten konnte. Und daß jetzt die Tschechen hier wieder das Sagen haben würden.

Die Mutter, die mir die Meldung vom Waffenstillstand nicht glaubte, entschloß sich, mit uns den Bereich der Fluchtstraße zu verlassen. Sie hatte Angst vor einem Ansturm der Russen hinter den fliehenden Deutschen her, der Kämpfe erwarten ließ. Sie war die einzige Wichstadtlerin, die flüchtete. Mit dem bepackten Handwagen zogen wir am Nachmittag über Feldwege in die Hänge des Gebirges hinauf, wo die kleinen Höfe weit verstreut lagen. Als wir uns gegen Abend um ein Nachtquartier bemühten, wurden wir an vielen Türen abgewiesen. Alle Häuser waren schon übervoll. Eine Frau mit sechs Kindern noch dazu? Unmöglich. Außerdem konnten die Russen jederzeit auftauchen. In diesen kritischen Tagen wollte sich niemand seine Lage noch zusätzlich erschweren.

Schließlich kamen wir doch noch unter. Ein altes Bauernehepaar, das meinen Großvater gut gekannt hatte, nahm uns freundlich auf. Wir bekamen zu essen und schliefen sogar – jeweils zu zweit – in Betten. Die Russen kamen noch nicht. Von dem Hof aus konnte man in der Ferne die Landstraße sehen. Bevor es dunkel geworden war, hatten wir noch einmal hinübergeschaut. Die Kolonnen waren kaum mehr vorangekommen. Am nächsten Morgen berichteten Vorüberkommende von chaotischen Zuständen auf der Landstraße, die hoffnungslos verstopft war. Wir konnten uns mit eigenen Augen überzeugen, daß sich dort drüben nichts mehr bewegte. Wir sahen Scharen deutscher Soldaten zu Fuß, auf Fahrrädern, ja auf ungesattelten Pferden querfeldein flüchten, alle in die gleiche Richtung: nach Nordwesten. Eine Völkerwanderung. Und noch immer waren keine Russen da.

Wir zogen nicht weiter. Es hatte keinen Sinn, sich diesen panisch flüchtenden Scharen anzuschließen. Inzwischen hatte sich auch die Kunde vom Waffenstillstand herumgesprochen. Also waren keine Kämpfe mehr zu erwarten. Und die Straße war keine Straße mehr. Jetzt war unsere Mutter nur noch darauf aus, mich und Freya vor den Russen zu verstecken. Wo hätte sie das besser gekonnt als daheim? Dort kannten wir jeden Winkel.

Wir kehrten um und fuhren über Feldwege wieder hinunter ins Tal. Wir nahmen eine Abkürzung, so daß wir gar nicht über Wichstadtl kamen, sondern auf geradem Weg unser einsames Haus ansteuerten. Bei Deutsch-Petersdorf mußten wir die Landstraße überqueren. Gespenstisch still lag sie da, gesäumt von im Stich gelassenen Geschützen und Fahrzeugen jeder Art. Und nun kamen uns auch keine Flüchtlinge mehr entgegen, weder Militär noch Zivilpersonen. Keine Artillerie donnerte mehr im Osten. Über den frühlingsnassen Feldern trillerten die Lerchen. Es war ein sonniger Tag, ein strahlender Frühlingstag. Nur im Osten, irgendwo hinter dem Muttergottesberg, stieg an mehreren Stellen dunkler Qualm auf. Dort brannte es.

Je näher wir der Rosinkawiese kamen, um so weniger erkannten wir die uns so vertraute Landschaft wieder. Während der reichlichen 24 Stunden, die wir fortgewesen waren, mußte sich hier ein Chaos abgespielt haben: Auf den Feldern und Wiesen verstreut, so weit man sehen konnte, lagen Gewehre und Uniformteile, volle Koffer, verschnürte Schachteln, Stiefel, Bücher, Wolldecken, Munition und Kochgeschirre, Stahlhelme und tausend andere Dinge. Papiere flatterten durch die Luft: die Akten einer Militär-Schreibstube. Ich hob ein Blatt auf und las es, während ich den Wagen zog. Es war ein Protokoll: Ein Soldat hatte ein Huhn gestohlen. Den dazugehörigen Lastwagen, aus dem die Papiere herausgewirbelt waren, fand ich ein paar Tage später umgekippt im Straßengraben.

Es war ein gespenstisches Bild, das sich uns bot: Vor uns, für die im Lauf des Krieges die Lebensmittelrationen immer knapper geworden waren, breitete sich plötzlich das reinste Freßparadies aus! Proviantlaster waren auf der Straße im Stau steckengeblieben. Offensichtlich hatte man noch versucht, einen Teil der Lebensmittel zu Fuß querfeldein zu retten. Aber dann hatte man doch alles zurücklassen müssen, um schneller voranzukommen. Und so lagen auf den Wiesen neben unserem Garten wie auch auf unserer eigenen Wiese am Teich, ja sogar auf unseren Erdbeerbeeten pralle Zucker-, Reis- und Erbsensäcke, volle Schmalz- und Marmeladeeimer, zahllose Konserven, Fischbüchsen, Beutel mit Dörrobst, ganze Barren von Kochschokolade. Ja sogar gefüllte französische Pralinenschachteln entdeckten wir: sorgsam gehütete Beutestücke aus dem besetzten Frankreich?

Wenn man sich die Landkarte anschaut, wird man verstehen, warum gerade hier so viel unnötiger Ballast abgeworfen wurde: Hier ließ sich ein spitzer Winkel in der Landstraße abkürzen, ließ sich das Nadelöhr Wichstadtl umgehen. Aber die Wiesen rund um unseren Garten waren sumpfig, vor allem jetzt im Frühjahr – vollgesogen wie Schwämme! Da konnte man schon so tief einsinken, daß einem das Wasser in die Stiefelschäfte hineinlief.

Es war kaum zu fassen, was der Zufall alles über die Rosinkawiese hingestreut hatte: Nähmaschinen und Schreibmaschinen, Silberbesteck, Puppen und Teddybären, Instrumente einer Blaskapelle, Briefmarkenalben und Brillen und den Inhalt einer ganzen Kleiderkammer. Und eine Rotkreuz-Einheit hatte Berge von Verbandzeug neben dem Teich abgeladen. Auch Briefe und Fotos lagen im Gras. Man konnte hier so gut wie alles finden, was ein Mensch besitzen und bewegen kann – nur keine Fahrräder. Und auch *mein* Fahrrad war verschwunden, wie sich herausstellte, sobald wir unser Haus betraten. Es hatte im Schuppen gestanden. Eine alte Arbeitsjacke meines Vaters fehlte ebenfalls. Sie hatte, obwohl ja der Vater schon vor über zwei Jahren gefallen war, noch immer an einem Haken im Schuppen gehangen. Wir wunderten uns. Wozu brauchte jemand eine alte, schmutzige Arbeitsjacke?

Wir waren glücklich, wieder daheim zu sein. Ein Tag und eine Nacht – sie kamen uns jetzt wie eine Ewigkeit vor.

Kaum sahen wir uns im Haus um, [...] entdeckten wir im Oberstock eine Flüchtlingsfamilie, Mann, Frau und Kleinkind, die sich in unserem Kinderzimmer einquartiert hatten. Wir erfuhren, daß sie von Nordmähren zu Fuß herübergeflüchtet waren und hier aus Erschöpfung nicht mehr weitergekonnt hatten. Der Mann war schon ziemlich alt und herzkrank.

Und schon fand sich auch Anna, die treue, wieder ein und freute sich riesig über unsere Rückkehr. Sie hatte die Ziegen am Vorabend zuverlässig gemolken und gefüttert und hatte dann bei einer anderen Ukrainerin übernachtet. Sie hob meinen jüngsten Bruder Volker hoch und küßte ihn ab. Und dann half sie der Mutter, wie sie ihr immer geholfen hatte, obwohl sie jetzt frei war und sich als Herrin hätte aufspielen können. Sie hätte uns alles mögliche antun können. Es gab ja keine Instanz mehr, die unsere Rechte vertrat. Wie launenhaft hatte ich sie manchmal behandelt? Wie oft hatte ich ihr Arbeit zugeschoben, die ich nicht gern machte! Wenn sie sich an mir hätte rächen wollen, hätte sich ihr jetzt genug Gelegenheit dazu geboten. Aber sie führte nichts dergleichen im Sinn. Und sie lastete uns nicht an, was Deutschland ihr und ihrem Volk angetan hatte. Sie mochte uns. Und so blieb sie bei uns und stand uns bei, bis die schlimmsten Tage vorüber waren.

Noch immer waren die Russen nicht da! So lief ich mit meinen Geschwistern hinaus, um wenigstens einen Zuckersack, einen Sack voll Reis, einen Schmalzeimer und ein paar Barren Kochschokolade in Sicherheit zu bringen, bevor sie kamen. Wir waren zu sechst. Auch der Kleinste von uns konnte schon ein paar Kleinigkeiten tragen. Wir kippten die Säcke auf eine Schubkarre und schafften die Beute in unseren Keller. Wir rannten atemlos vom Haus auf die Wiesen, von den Wiesen ins Haus. Die Russen ließen uns genug Zeit, um den halben Kartoffelkeller mit Proviant zu füllen. Ein beruhigendes Gefühl. Denn nun waren harte Zeiten zu erwarten.

Ein deutscher Soldat kam aus dem Wäldchen und lief auf mich zu. Er trug keine Waffen. Er hatte auch keinen Mantel und keine Mütze mehr. Ich glaube, er war kaum älter als ich, denn ich erinnere mich an ein rundliches Jungengesicht. Er sprach mich in gebrochenem Deutsch an. Ich konnte ihn kaum verstehen, aber ich merkte, daß er große Angst hatte – berechtigte Angst, wie ich bald herausbekam: Er war ein Soldat der Wlassow-Armee, also ein Russe, der auf deutscher Seite gegen die Russen gekämpft hatte.[1]) Ich begriff: Er war verloren, wenn seine siegreichen Landsleute dies herausbekamen. Er bestürmte mich, ihm Zivilkleider zu beschaffen. Ich lief ins Haus zurück. In aller Eile suchte die Mutter ein paar Sachen von unserem Vater aus dem Kleiderschrank: Hemd, Weste und Jacke. Nur eine Hose hatte sie nicht mehr. Aus Vaters Hosen hatte sie meinen Brüdern Höschen und den jüngeren Schwestern Röcke

1) Nachdem der sowjetische General Andrej Wlassow (1901–1946) 1942 in deutsche Gefangenschaft geraten war, hatte er sich bereit erklärt, auf deutscher Seite eine Armee gegen die kommunistische Führung seines Landes aufzubauen. Nach den schweren Niederlagen im Osten nahm die deutsche Wehrmacht 1944 das Angebot an. Unter Führung Wlassows wurden noch Anfang 1945 zwei Divisionen einer „Russischen Befreiungsarmee" aufgestellt. Im Mai 1945 gerieten Wlassow und seine Soldaten in amerikanische Kriegsgefangenschaft. Die Amerikaner lieferten die Gefangenen an den Verbündeten aus, und Wlassow sowie zahlreiche Offiziere wurden daraufhin in Moskau hingerichtet.

genäht. Ich trug die Sachen zu dem Jungen hinaus. Er bedankte sich überschwenglich, riß sich sein Militärzeug vom Leib, warf es in einen Graben und zog sich Hemd, Weste und Jacke über. Plötzlich stutzte er, zog die Uniformjacke noch einmal aus dem Grabenwasser und fingerte ein Foto aus der Brusttasche. Dann rannte er los, auf den Ort zu. Ich rief ihm nach und zeigte zu den Bergen hinüber. Aber er schüttelte den Kopf, zeigte zornig auf die Hose und stieß einen Schwall von Worten aus, die ich nicht verstand. Ich begriff nur soviel: Diese verdammte deutsche Hose gefährdete sein Leben. War er sie los, konnte er sich als verschleppter Ostarbeiter ausgeben. Weiß Gott, er hatte Angst genug, um den ersten besten Träger einer Zivilhose, dem er begegnen würde, zu erschlagen! Ich sah ihm nach. Jetzt verstand ich auch, warum jemand Interesse an Vaters alter Arbeitsjacke gefunden hatte. Auch *deutschen* Soldaten mußte jetzt in einer Ziviljacke wohler sein!
Dann hatte ich wieder die Landstraße im Blick. Kamen sie schon? Aber man konnte nur schwer erkennen, was auf der Straße vor sich ging. Denn an ihren Rändern, in ihren Gräben türmte sich Sperrmüll des Krieges auf, reihten sich Geschütze und Fahrzeuge aneinander. Wahrscheinlich konnte man nur an den Geräuschen ausmachen, was sich dort drüben tat. Aber noch blieb alles still. Es war eine gespenstische Stille: die Ruhe vor dem Sturm. ■

Aus: Gudrun Pausewang, Fern von der Rosinkawiese: die Geschichte einer Flucht. Ravensburg: Otto Maier 1989, S. 33–41

Womit zahlen Sie?

KLAUS KORDON

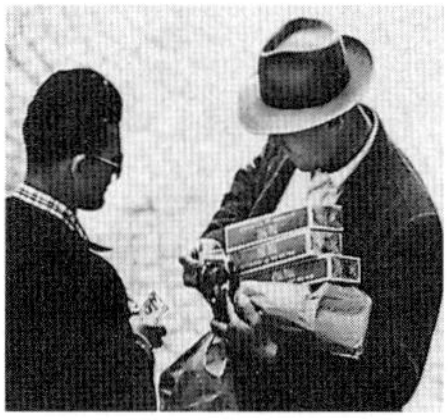

Kennzeichen der ersten Nachkriegsjahre war der allgegenwärtige Hunger. Schon während des Krieges waren Lebensmittel und andere Waren knapp gewesen. Unmittelbar nach dem Krieg verschlimmerte sich die Lage durch die zerstörten Produktionsstätten und Verkehrswege. Die Menschen hatten zwar Geld, konnten dafür aber kaum Lebensmittel kaufen. Die Reichsmark war nahezu wertlos, weil der Krieg durch den Druck von Geld finanziert worden war, dem keine Werte gegenüberstanden. Ein sogenannter „Schwarzer Markt" entstand. Dort konnte man vor allem die knappen Lebensmittel zu besonders hohen Preisen kaufen oder gegen Wertgegenstände tauschen. Diese Form des Handels war zwar verboten, aber in ihrer Not fragten die Menschen nicht danach.
Wie dieser „Schwarze Markt" um 1947 funktionierte, erzählt Klaus Kordon in seinem Roman „Ein Trümmersommer". Im Mittelpunkt des Buches steht die Familie Kagelmann aus Berlin. Frau Kagelmann, deren Mann im Krieg gefallen ist, tut alles, um ihre Kinder durchzubringen. Nachdem ihr ältester Sohn Uli aus russischer Kriegsgefangenschaft zurückgekehrt ist, versucht sie auf dem Schwarzen Markt etwas einzukaufen, dabei wird sie von einer Razzia überrascht.

Der schwarze Markt lag in einer Seitenstraße, die sich von all den anderen heil gebliebenen Straßen ringsherum nur darin unterschied, daß sie belebter war. Frauen, Männer und junge Burschen gingen in ihr auf und ab und murmelten dabei ständig etwas vor sich hin, was sich wie Selbstgespräche anhörte. Doch sie sprachen nicht mit sich selbst, ihre Augen blickten wach und fragend. Ging ein Entgegenkommender näher heran, hörte er, daß ihm ein Angebot gemacht wurde. „Leberwurst, frisch vom Land!" flüsterte da ein älterer Mann, und ein junger Bursche hatte „Nylons! Echt amerikanische Nylon-Strümpfe mit Naht" anzubieten. Eine Frau bot „Rasierklingen, extra fein", eine andere „Meißner Porzellan, Tassen, Teller, Untertassen" an.

Frau Kagelmann kannte die Regeln des schwarzen Marktes, dennoch hatte sie Hemmungen, es den anderen gleichzutun. Sie benötigte jedesmal eine Anlaufzeit.

Ein Kriegsinvalide ohne Beine, der auf einem Brett mit Rollen hockte und sich mit den behandschuhten Händen vom Pflaster abstieß, hielt vor Frau Kagelmann. „Brauchen Sie wieder Garn?" fragte er. Er hatte in ihr eine ehemalige Kundin erkannt.

„Diesmal nicht", antwortete Frau Kagelmann. „Diesmal brauch' ich was zu essen. Mein Sohn ist heimgekehrt." „Gesund?" fragte der Mann, der zu Frau Kagelmann aufschauen mußte. „Ich glaube, ja." „Herzlichen Glückwunsch!" Der Invalide rollte weiter. „Und wenn Sie mal wieder Garn brauchen, Sie wissen ja!"

Frau Kagelmann sah dem Mann auf seinem Brett nach. Das hätte Uli auch passieren können. Sie durfte sich wirklich nicht beschweren.

„Eine Uhr! Eine silberne Spieluhr!" Frau Kagelmann begann nun ebenfalls zu flüstern. Der freundliche Invalide hatte ihr Mut gemacht. Und sie hatte Erfolg. Ein junger Mann mit einem ein wenig zu großen Hut auf dem Kopf machte sich an sie heran. „Zeigen", sagte er. Frau Kagelmann ging in einen Hausflur, holte die Uhr heraus und zeigte sie dem jungen Mann. Aber als er danach greifen wollte, zog sie sie wieder zurück. „So nicht! Womit zahlen Sie?" „Zigaretten." Der junge Mann öffnete seine Jacke: In seinem Hosenbund steckte eine Stange amerikanischer Zigaretten. Frau Kagelmann blieb mißtrauisch. Sie hielt dem Mann die Uhr wieder hin, wickelte sich aber die Kette um die Hand, damit er ihr die Uhr nicht entreißen konnte.

Der junge Mann besah sich die Uhr. „Hundert", sagte er dann. „Hundert was?" „Hundert Zigaretten. Fünf Päckchen. Eine halbe Stange!" Frau Kagelmann ließ sich die Zigaretten geben und verstaute die Päckchen einzeln in ihrer Bluse. Erst dann gab sie dem jungen Mann die Uhr. Der junge Mann zog sie auf und hielt sie an sein Ohr. „Eine Erinnerung an ihren Mann?" fragte er. Und als Frau Kagelmann nickte, schob er sich den Hut ins Genick und grinste. „Wenn Sie sie wiederhaben wollen – Preis: Ein Stange Amis."

Frau Kagelmann erwiderte nichts. Sie verließ den Hausflur und ging weiter die Straße entlang. Was jetzt noch kam, war leicht. Zigaretten waren die beste Währung, Zigaretten nahm einem jeder ab, und man konnte sie päckchen- oder stückweise eintauschen.

Es dauerte nicht lange und Frau Kagelmann besaß anstelle der fünf Päckchen Zigaretten ein halbes Pfund Trockengemüse, ein Pfund Graupen, ein halbes Brot, ein Glas Marmelade und ein viertel Pfund Trockenmilch. Sie wußte nicht, ob sie für die Uhr und danach für die fünf Päckchen mehr hätte herausschlagen können, aber das wußte sie nie, wenn sie den schwarzen Markt verließ, deshalb war sie zufrieden. Doch sie hatte die Flüsterstraße noch nicht verlassen, als ein Pfiff ertönte und drei Jungen an ihr vorbeiliefen und „Razzia!" schrien.

Polizei! Wenn die fanden, was sie bei sich trug, würden sie es ihr abnehmen. Frau Kagelmann schaltete schnell: Zum Fortlaufen war sie nicht flink genug, also mußte sie sich verstecken. Ganz langsam, als gingen sie die fliehenden Schwarzhändler, die in immer größerer Anzahl an ihr vorüberliefen, nichts an, steuerte sie auf einen der Hauseingänge zu und betrat den Hausflur. Durch den Flur gelangte sie auf den Hof und stieg dort die Kellertreppe hinab. Es war dunkel in dem Keller, aber sie machte kein Licht. Sie tastete sich bis an das Ende des Kellerganges und lehnte sich an einen der Holzverschläge.

Nun hieß es warten. ■

Aus: Klaus Kordon, Ein Trümmersommer. Weinheim: Beltz & Gelberg 1987, S. 147–150

Das Ende der Reichsmark

Paul Maar

Bereits vor Kriegsende hatten die gegen das nationalsozialistische Deutsche Reich kämpfenden Verbündeten (USA, Großbritannien, Frankreich und die Sowjetunion) beschlossen, Deutschland nach der Kapitulation in vier Besatzungszonen zu teilen. Die Besatzungszonen wurden errichtet, doch schon bald zeigte sich, daß zwischen den politischen und wirtschaftlichen Zielen der drei westlichen Siegermächte und der Sowjetunion große Unterschiede bestanden. Ausdruck dieser unterschiedlichen Vorstellungen war auch die Währungsreform von 1948. Die in den drei westlichen Besatzungszonen getroffene Entscheidung für die Marktwirtschaft sowie die Einbeziehung in die amerikanische Wiederaufbauhilfe machten eine umfassende Neuordnung des durch die Geldentwertung zerrütteten deutschen Geldwesens notwendig.

Paul Maar beschreibt in seinem Roman „Kartoffelkäferzeiten", wie die Menschen jenseits der großen Politik auf die Währungsreform reagierten.

Am 19. Juni stand in der Zeitung unter der Schlagzeile ‚Das Währungsgesetz', daß zwei Tage später, am Sonntag, eine Währungsreform stattfinden würde.
Aufgeregt las Oma Mariechen beim Frühstück aus der Zeitung vor: „Das bisherige Geld wird am 21. 6. 48 ungültig. Jeder Einwohner der Westzone bekommt 60 Deutsche Mark, die gegen den gleichen Betrag Altgeld umgetauscht werden. Hiervon werden 40 Mark an diesem Sonntag ausbezahlt, die restlichen 20 Mark einen Monat später. Der Geldumtausch findet auf den Bürgermeisterämtern statt, beziehungsweise da, wo gewöhnlich die Lebensmittelkarten ausgegeben werden."
An diesem Vormittag begann die Schule mit erheblicher Verspätung. Hauptlehrer Schopper stand bei den Leuten, die sich überall im Dorf zu Gruppen zusammenfanden und über das neue Gesetz redeten. Alle waren sich einig, daß man das alte Geld ausgeben mußte, solange es noch etwas wert war.
Der Nachmittagszug nach Bamberg war überfüllt wie nie, die Leute fuhren auf den Trittbrettern mit und klammerten sich außen am Waggon fest. Die wenigen Waren wurden den Verkäufern aus der Hand gerissen, Kaufhäuser mußten wegen Überfüllung geschlossen werden. Es gab Leute, die Hunderte von Backpulver-Tütchen kauften, Taschen voller Lockenwickler oder Lampenschirme aus Pergamentpapier. Die Preise explodierten. Bereits am Freitag hatte eine Ami-Zigarette 30 Mark gekostet, am Samstag mußte man schon einen Hunderter dafür bezahlen. Die Packung war nicht unter 1000 Mark zu kriegen. Man sah Leute mit Einkaufstaschen voller Hundertmarkscheine, die von Laden zu Laden hetzten, um irgend etwas dafür zu kaufen. Jeder wußte: Gab er heute sein Geld nicht aus, konnte er es am Montag höchstens noch dazu verwenden, den Herd anzuschüren.
Sogar Oma Mariechen vergaß ihre Sparsamkeit, fuhr mit dem Zug nach Haßfurt und kam mit einer geblümten Kittelschürze, einem Päckchen Spielkarten und einem Karton voll Christbaumschmuck zurück.
[…]
Es war wirklich erstaunlich, was es nach der Währungsreform alles zu kaufen gab. Die Geschäftsleute schienen ihre Waren in Speichern und Lagern gehortet und auf den Tag gewartet zu haben, an dem das Geld mehr wert sein würde. Schon am Montag waren die Schaufenster voll mit Kochtöpfen und Einmachgläsern, es gab wieder Fahrradschläuche, sogar Glühbirnen wurden ohne Bezugsschein verkauft.
Auf dem Markt in Bamberg boten die Bauern Gemüse und Eier an, wenn auch zu sehr hohen Preisen. Sogar in Hesterhausen zeigten sich bald die Auswirkungen der Währungsreform: Die Bäckerei Vollert verkaufte wie-

der Brot, und beim Metzger Hußlein gab es fast jeden Tag Fleisch, manchmal sogar Griebenwurst oder weißen Preßsack.
Auch im Gasthaus zum Elefanten konnte man daran denken, den Gästen wenigstens am Wochenende warme Mahlzeiten anzubieten.
Anfang Juli, kurz vor dem Beginn der großen Ferien, schloß die kleine Oma einen Vertrag mit den Streckenarbeitern der Bahn, die gerade in Hesterhausen neue Gleise legten.
Oma Mariechen verpflichtete sich, den Arbeitern vier Wochen lang ein Mittagessen zu servieren, natürlich gegen Bezahlung und Abgabe von Lebensmittelmärkchen. Die Streckenarbeiter verpflichteten sich, die vielen Flaschenbiere, die bei der warmen Witterung zwangsläufig anfallen würden, ausschließlich im Gasthof zum Elefanten zu kaufen und nicht etwa in der Gastwirtschaft zum Wilden Mann im Oberdorf. ■

Paul Maar, a.a.O., S. 171–172 und 179

Verurteilt zu 25 Jahren Zwangsarbeit

Josef Reding

Zu den deutschen Kriegsopfern gehörten auch die etwa zwölf Millionen Soldaten, die in Gefangenschaft geraten waren. Während die meisten Kriegsgefangenen der Westmächte (rund neun Millionen) nach einem Jahr in ihre Heimat zurückkehren konnten, entließ die Sowjetunion die letzten deutschen Soldaten erst 1956. In den berüchtigten sowjetischen Straf- und Arbeitslagern, in denen jeder dritte Gefangene starb, wurden nicht nur ehemalige Soldaten festgehalten, sondern auch Menschen, die sich ablehnend gegenüber dem Kommunismus bzw. gegenüber der Errichtung kommunistischer Regime in ihren Ländern verhalten hatten.
Josef Reding erzählt in seinem Buch „Friedland" von den unmenschlichen Lebensbedingungen in dem sowjetischen Zwangsarbeitslager Workuta (Rußland), vom Schicksal der Gefangenen und ihrer Ankunft in Friedland, einem bei Göttingen gelegenen Notaufnahmelager für Kriegsgefangene, Vertriebene und Flüchtlinge. Im folgenden Auszug berichtet ein junger Deutscher, weshalb er aus der Sowjetischen Besatzungszone nach Workuta gebracht worden war.

Die Grubenlampe baumelt noch ein wenig her und hin. Dann liegt der milchige Schein ruhig auf den Gesichtern Borins, Lewerenz' und Aljas, um deren Schulter noch ein schmutziger Verband gewickelt ist. Doch noch ein viertes Gesicht ist da. Ein sehr junges Gesicht. Das Gesicht eines Sechzehnjährigen.
„Jetzt kannste erzählen", sagt Lewerenz. „Jetzt kannste beichten. Hier vor

Ort haben die Wände keine Ohren wie da oben in der Baracke, wo hinter jedem ein Spitzel steht und du nicht weißt, ob sie dir nicht beim Schlafen ein Mikrophon an den Hintern montiert haben!" Der Sechzehnjährige bleibt still. „Nu hör mal ...!" will Lewerenz barsch anfangen. Da winkt Borin ab. „Laß mal, Bruno. Also Junge, hör zu. Es stimmt, was der Lewerenz sagt: hier hört keiner etwas, als die, die das hören müssen, was du zu sagen hast. Wie kommst du hierher? – Was ist los mit Deutschland?" Der Junge zögert immer noch.

„Die – die Russin da!" sagt er. „Die gehört noch mehr zu uns als mancher, der unsere Sprache spricht", sagt Borin. „Was soll ich sagen?" dreht sich der Junge aus dem Blick Borins heraus. „Paragraph 57, Spionage, Sabotage ...!" „Den Gummiparagraphen kennen wir!" sagt Borin. „Schon oft von gehört. Aber was war wirklich?"

„Wirklich? Ha! Wirklich war ein riesiger Schädel auf einem Transparent!" „Was für 'n Transparent?" fragt Lewerenz. „Der Kopf von Stalin[1]) war darauf gemalt. Groß wie eine Zimmerwand!" „Und wegen Schnurrbart-Jupp biste hier? Das mußte uns mal genauer verklaren!"

„Das war vor zwei Monaten", sagt der Junge. „Die FDJ hatte einen Umzug gemacht bei uns." „Was ist das, FDJ?" „Freie Deutsche Jugend soll das heißen", sagt der Junge. „Das ist in der Ostzone die Staatsjugend."[2])

„So wie die Hitlerjugend[3]) bei uns früher, wat?" fragt Lewerenz. „Wie war denn die?" fragt der Junge zurück. „Den Verein kennste nicht?" fragt Lewerenz erstaunt. „Ach so, du bist ja erst ... na, erzähl mal weiter." „Die hatten also einen Umzug gemacht bei uns mit ‚Bau auf'-Gesang und so." „Wie ist das denn mit dem Wiederaufbau?" fragt Borin. „Lassen doch weiter ...!"

„Und bei diesem Zug führten die Jungens Transparente mit. Da waren

1) Jossif W. Stalin (1878–1953) war seit 1922 Generalsekretär der Kommunistischen Partei der Sowjetunion (KPdSU) und spätestens ab 1941, nachdem er auch das Amt des Vorsitzenden der Regierung innehatte, regierte er als unumschränkter Herrscher (Diktator). Wegen seines Oberlippenbartes wird Stalin hier von den Gefangenen „Schnurrbart-Jupp" genannt.

2) Die im März 1946 gegründete Freie Deutsche Jugend (FDJ) war die einzige zugelassene Jugendorganisation der Parteien in der Sowjetischen Besatzungszone bzw. ab 1949 der Deutschen Demokratischen Republik (DDR). Ihr gehörten Jugendliche vom 14. bis zum 25. Lebensjahr an. Ursprünglich war sie als eine überparteiliche Organisation gedacht. Im Januar 1948 zogen die Christlich Demokratische Union (CDU) und die Liberal-Demokratische Partei (LDP) der SBZ ihre Vertreter aus dem Zentralrat der FDJ ab, da ihnen der überparteiliche Charakter der Organisation nicht mehr gewährleistet schien. In den 1950er Jahren hatte die FDJ die „führende Rolle der Arbeiterklasse und der SED auf allen Gebieten des demokratischen Aufbaus" anzuerkennen und die Aufgabe, die „Kampfreserve der Partei" und den militärischen Nachwuchs zu stellen. Ohne die Mitgliedschaft in der FDJ war eine normale schulische oder berufliche Laufbahn in der DDR kaum möglich.

3) Die Hitlerjugend (HJ) war die 1926 gegründete Jugendorganisation der Nationalsozialistischen Partei Deutschlands (NSDAP). Nach der Machtübernahme von 1933 hatten die Nazis die HJ zu einer umfassenden Staatsjugendorganisation ausgebaut, die alle Jugendlichen zwischen 10 und 18 Jahren zu erfassen versuchte; ab 1939 war die Mitgliedschaft verbindlich.

die Köpfe drauf von den Russen und dem Pieck und dem Grotewohl ..." „Wer ist dat ...?"[1]) – „Schnauze!"

„Aber ich hab' immer nur den Stalin gesehen. Als die Russen bei uns waren, war Vater schon ein Jahr lang tot. Gefallen bei der Invasion. Nur ein Bild hatten wir noch. Vater in Uniform, 'ne schwarze Schleife am Rahmen. Dann stampften die Russen rein und sahen das Bild von Vater. Und einer von den Burschen riß es von der Wand, zerstampfte das Bild, spie drauf und ...!"

„Und?" „Und hockte sich hin und machte seinen Unrat auf die Scherben. Auf Vaters Bild!" „Schweinehunde!" knurrte Lewerenz und spuckte aus. „Der eine nahm währenddessen aus seiner Tasche eine russische Zeitung und riß ein Foto von Stalins Gesicht heraus und pappte die Fetzen an die Stelle, wo Vaters Bild gehangen hatte. – Heulend stand ich dabei!" „Saukerle!" spuckte Lewerenz wieder.

„,Das ist jetzt dein Vater!' sagte der Russe zu mir und deutete auf das Zeitungsstück. ,Nicht deutscher Soldatt! Stalin dein Vater jetzt!' Und beide lachten und gingen wieder, und das Abbild meines Vaters lag unter dem Kot des Russen. Was soll ich da weiter erzählen. Ihr könnt euch denken, woran ich jedesmal erinnert wurde, wenn ich irgendwo das Bild Stalins sah. Und ich sah es immer häufiger in der Zone. Als der Umzug war, stellten die FDJ-Jungens abends das Transparent ab, unserm Haus gegenüber. Da stand es, und ich mußte immerzu draufschauen. Das überlebensgroße Gesicht grinste mich an, mit einem Lächeln, das ,väterlich' sein sollte. Und da bin ich nachts hingegangen mit einem zusammengeklebten Stück Papier, wo ich ,nein!' drauf gemalt hatte. Das Papier habe ich auf den Lächelmund unter dem Schnurrbart geklebt. Dann hatten sie mich. Die Blauhemden[2]). ,Schändung!' brüllten einige, und da schlugen sie los und traten mir in die Seite, als ich lag, bis die Vopos kamen, die Volkspolizisten, die mich hochrissen und zur Wache brachten. Und da waren Russen. Die fragten mich und hauten mir mit einem Koppel über die Oberschenkel. Und einmal schmissen sich mich gegen den glühenden Kanonenofen – hier, da seht ihr noch den Placken von neuer Haut – und sagten immer bloß: ,Du hast aus Westdeutschland Geld dafür gekriegt, du Propagandaspitzel! Los, Geständnis! Wer ist noch in dem

1) Wilhelm Pieck (1876–1960) war 1945 der Vorsitzende der Kommunistischen Partei Deutschlands (KPD) in der Sowjetischen Besatzungszone und Otto Grotewohl (1894–1964) zur selben Zeit Vorsitzender der Sozialdemokratischen Partei Deutschlands (SPD) in der SBZ. Mit der Vereinigung der beiden Arbeiterparteien im April 1946 wurden sie die Vorsitzenden der neuen „Sozialistischen Einheitspartei Deutschlands" (SED). Pieck wurde 1949 zum Präsidenten, Grotewohl zum Ministerpräsidenten der DDR gewählt. Die SED wurde nach dem Vorbild der Kommunistischen Partei der Sowjetunion (KPdSU) eine diktatorische Partei, die den gesamten Staat, die Wirtschaft und alle Teile der Gesellschaft beherrschte.

2) Die Mitglieder der FDJ trugen zu offiziellen Anlässen blaue Blusen bzw. Hemden.

Spionagering, Hä? Gestehen!‘ Und wieder die Koppelschläge vorne über die Oberschenkel!“

„Und da hast du ...?“ „Da habe ich gestanden, daß ich Geld bekommen hätte dafür; vorne blutete alles!“ „Und was war dann?“ „Verurteilung zu 25 Jahren Zwangsarbeit!“ „Und sechzehn biste?“ fragt Lewerenz. „Ja“, sagt der Junge.

Lewerenz steht auf, geht zu seinem Abraumhammer und läßt ihn rattern. Erstaunt hört der Junge, wie Lewerenz singt: „Der Gott, der Eisen wachsen ließ, der wollte keine Knechte ... bumbumbum, ob's stürmt oder schneit, ob die Sonne uns lacht ...!“

Da bricht Lewerenz ab und läßt den Abraumhammer verstummen und sagt heiser: „Dann ist jetzt Rußland in Deutschland?“ „In dem Stück, aus dem der Junge kommt, ja!“ sagt Borin.

„Nicht Rußland!“ sagt da Alja. „Nicht Rußland“, sagt sie leise und wie entschuldigend. „Bolschewismus[1]), aber nicht Mütterchen Rußland.“

„Nachwuchs für Workuta“, sagt Borin. „Sechzehnjährige Deutsche in die russischen Kohleschächte! Was ist denn los mit der Welt?“

„Durcheinander!“ sagt Lewerenz und singt: „Haut 'se, haut 'se immer in die ...!“

„Lewerenz?“ sagt Borin. „Was willste?“

„Den Jungen nehmen wirzu uns in den Kreml[2]).“ „Klarer Fall!“ sagt Lewerenz. ■

Aus: Josef Reding, Friedland. Recklinghausen: Georg Bitter 1985, S. 77–80

Aufstand in Ungarn

HANS GEORG NOACK

Nach dem Tode des sowjetischen Diktators Stalin (siehe Anmerkung 1, Seite 18) im Jahre 1953 schien unter dem neuen ersten Mann im Kreml, Nikita S. Chruschtschow (1894–1971), eine Wende der sowjetischen Innen- und Außenpolitik bevorzustehen. Chruschtschow klagte im Frühjahr 1956 die Verfehlungen Stalins an und erklärte eine „friedliche Koexistenz“ von Staaten mit unterschiedlichen Weltanschauungen (Ideologien) und Gesellschaftsordnungen zum Ziel seiner Außenpolitik. In einigen Ostblockstaaten wuchs daraufhin die Hoffnung, die drückende politische und wirtschaftliche Abhängigkeit von der Sowjetunion beenden zu können (siehe auch Ein-

1) Bolschewismus: andere Bezeichnung für die von der KPdSU geprägte kommunistische Weltanschauung (Ideologie). In den westlichen Ländern verband man mit dem Begriff Diktatur, Reglementierung, Unterdrückung und Polizeiterror.

2) Kreml: Sitz der sowjetischen Regierung in Moskau; hier Bezeichnung für einen versteckten Raum innerhalb der Gefangenenbaracke, den sich Borin und Lewerenz „wohnlich“ eingerichtet haben.

führung zu „Kann eine solche Grenze wirklich Frieden schaffen", Seite 27f.). Im Sommer 1956 kam es in Polen und Ungarn zu ersten antisowjetischen Aufständen. In beiden Fällen wurden Gewaltherrschaft und Mißwirtschaft der von Moskau gesteuerten Kommunistischen Parteien kritisiert und die bisherige Partei- und Staatsführung abgesetzt. Die Vorstellung von der „friedlichen Koexistenz" unterschiedlicher Gesellschaftssysteme wurde nun aber von der Sowjetunion für die Staaten des eigenen Bündnisses verworfen. Mit starkem politischen Druck und mit militärischen Mitteln verhinderte sie so den Zerfall ihres Einflußbereiches. Besonders brutal geschah dies im Herbst 1956 in Ungarn. 25 000 Ungarn und 7 000 Sowjetsoldaten fanden bei den Auseinandersetzungen den Tod. Auf die ungarischen Hilferufe reagierte der Westen nicht; angesichts des atomaren Patts respektierten die Vereinigten Staaten und die Westeuropäer den sowjetischen Einflußbereich in Ostmitteleuropa.
Hans Georg Noack hat die Ereignisse vom Oktober/November 1956 in der ungarischen Hauptstadt Budapest mit Hilfe von Originalquellen nacherzählt.

Als der junge Kadett der ungarischen Militärakademie die ersten Nachrichten hörte, hielt es ihn nicht mehr in der Kaserne. Er mußte sehen, was sich in der Stadt zutrug. Er mußte seinen Bruder finden. Wo die Studenten demonstrierten, war der Bruder sicher dabei.
Er stürzte los. Menschen drängten sich auf den Straßen. Fast alle strebten der Innenstadt zu. Der Kadett zwängte sich vorwärts, half mit den Ellenbogen nach, wo es seiner Ungeduld nicht schnell genug voranging.
Rufe umschwirrten ihn. „Nieder mit Hegedüs[1])!" Der Ministerpräsident, der dem gestürzten Tyrannen Rakosi[2]) gefolgt war, hatte sich schnell den Haß der Ungarn zugezogen. „Wir wollen keine Sowjetsoldaten in unserem Land!" „Schluß mit der Kollektivwirtschaft!" „Raus aus dem Warschauer Pakt[3])!"
Der Kadett hielt einen jungen Arbeiter fest, der an ihm vorüberhastete. „He, Laszlo! Hast du meinen Bruder nicht gesehen?" „Irgendwo dort vorn!" schrie der Junge zurück und lief weiter, unter jeden Arm ein Gewehr geklemmt. Der Kadett eilte ihm nach. „Wohin willst du denn mit den Gewehren?" keuchte er.
„Die AVO[4]) schießt!" antwortete der junge Arbeiter. „Jetzt reicht's! Wir wehren uns!" „Los, gib mir eine Knarre ab!"
Plötzlich blieb Laszlo stehen, sah den Kadetten an, der mit auffordernd

1) András Hegedüs (1915–?) war nach dem Sturz Imre Nagys (siehe Anmerkung 1, Seite 24) im April 1956 ungarischer Ministerpräsident geworden.
2) Mátyás Rákosi (1892–1971) war Vorsitzender der „Partei der ungarischen Werktätigen". Diese Partei war 1948 – ähnlich wie die SED 1946 (siehe Anmerkung 1, Seite 19) – durch die Vereinigung von Sozialdemokraten und Kommunisten entstanden. Unter dem Vorwurf der „Abweichung" vom kommunistischen Weg hatte Rákosi im April 1955 die Absetzung Imre Nagys durchgesetzt.
3) Warschauer Pakt: Die *Warschauer Vertragsorganisation (WVO)* war ein im Mai 1955 gegründetes militärisch-politisches Bündnis unter der Führung der Sowjetunion. Der WVO gehörten folgende Staaten an: UdSSR, Bulgarien, Rumänien, Albanien, Ungarn, ČSSR, Polen und DDR. 1991 wurde das Bündnis aufgelöst.
4) AVO: Staatsschutzorganisation.

ausgestreckter Hand vor ihm stand, und sagte: „Dir? Du bist doch Kadett! Dir soll ich eine Waffe geben? Dabei können wir froh sein, wenn ihr nicht auf uns schießt! Euch hat man doch wahrhaftig zu guten Kommunisten gemacht." „Red keinen Unsinn! Gib her!" Damit riß der Kadett ein Gewehr an sich. „Los, weiter!"

Sie fanden den Bruder. Er saß auf einer Obstkiste, einen Block auf den Knien, und kritzelte irgend etwas. „Du bist auch hier?" fragte er und blickte nur flüchtig auf. Eine blutige Schramme zog sich über seine Wange. „Und du bist verwundet?" „Verwundet ist zuviel gesagt. Es war Millimeterarbeit. Hat geklatscht wie eine Ohrfeige und ein bißchen gebrannt. Nur ein Streifschuß. Wäre schade um jeden Tropfen Jod, den man daran verschwendet."

„Was schreibst du denn da? Gibt's nichts anderes zu tun als Tagebuch zu führen?" „Einen Aufruf schreibe ich. Den soll ich gleich über unseren Freiheitssender verlesen." „Freiheitssender?" „Frag nicht viel, komm lieber mit!"

Gemeinsam rannten Student, Arbeiter und Kadett quer über den Platz, bogen in eine Nebenstraße ein, eilten in ein Haus und vier, fünf Treppen hinauf. In einem Bodenraum stand der Sender. Ein junger Techniker wartete schon auf den Studenten. „Los, sprich!"

Der Student legte seinen Block auf einen wackligen Tisch und las:

„Ungarn! Die Stunde der Volkserhebung ist gekommen! Studenten und Jungarbeiter haben heute in einer Versammlung ihre Forderungen verkündet. Als Antwort hat die Regierung schießen lassen. Die Verbände der AVO, der Staatsschutzorganisation, haben das Feuer eröffnet. Es gibt kein Halten mehr! Ungarn, wehrt euch! Schließt euch den Forderungen der Arbeiterjugend und der Studenten an, die sich zu euren Sprechern gemacht haben!

Wir fordern den Abzug aller sowjetischen Truppen aus Ungarn! Wir wollen nichts mit dem Warschauer Pakt zu tun haben! Ungarn soll neutral sein, wie Österreich, unser Nachbar. Wir fordern Pressefreiheit! Jeder Ungar soll seine Kinder frei in der Religion der Väter unterrichten dürfen! Wir wollen nicht vom Westen abgeschlossen sein! Unsere Wirtschaft soll nicht mehr gezwungen sein, zu Schleuderpreisen an die Sowjetunion zu liefern! Unsere Bauern sollen nicht in das verhaßte Kollektiv gezwungen werden! Nicht die rote Fahne des Kommunismus soll über uns wehen, sondern die alten, ehrwürdigen Fahnen des tausendjährigen Ungarn!

Ungarische Landsleute, erhebt euch! Die Stunde ist gekommen. Die Welt blickt auf uns. Die freie Welt wird uns helfen, des sind wir gewiß!"

Ein Plattenteller drehte sich und spielte die alte ungarische Hymne.

„Gut", sagte der Kadett. „Du hast ein Aufgabe. Aber was kann ich tun?"

„Geh in deine Kaserne", riet der Bruder. „Unter deinen Kameraden muß es doch aufrechte Ungarn geben. Sammle sie um dich. Ihr dürft nicht auf uns schießen, selbst wenn man es euch befiehlt. Wir dürfen uns nicht gegenseitig bekämpfen. Es geht ja nicht nur um unsere Freiheit, sondern auch um eure."

Die Bodentür wurde aufgestoßen. Atemlos stürzte ein weißhaariger Mann herein. „Russische Panzer!" meldete er. „Die Regierung hat die Rote Armee zu Hilfe gerufen!"

[...]

Auf dem Gang schrillten die Pfeifen. Alarm! Die Kadetten griffen zu Koppelzeug und Helmen und stürzten auf den Hof.

Oberst Pal Maleter trat vor die Front der angetretenen Kadetten. Sein Gesicht war unbewegt wie immer. Aber er spürte die Erwartung, die ihm aus tausend Herzen entgegenschlug.

„Kadetten!" rief er. „Der Kriegsminister hat unseren Einsatz befohlen. An der Kilianskaserne, in der Üllöi-Straße, ist es zu erbitterten Kämpfen zwischen sowjetischen Panzertruppen und ungarischen Freiheitskämpfern gekommen. Die Sowjetsoldaten kommen nicht voran. Wir sollen ihnen helfen.

Kadetten! Ein künftiger Offizier muß gehorchen können. Aber er muß auch ein Kerl sein, der zu entscheiden weiß, wohin er gehört! Unsere Panzer werden zum Einsatz rollen. Aber es liegt allein bei uns, auf welcher Seite sie in den Kampf eingreifen werden. Solange ich ungarische Soldaten befehlige, werden sie nicht gegen ihre Landsleute kämpfen.

Kadetten, an die Panzer! An der Seite unserer Freiheitskämpfer gegen die Unterdrücker! Für ein freies Ungarn!"

Der Oberst unterdrückte den Jubel nicht, der aus den Reihen der Soldaten aufklang. Mochte die Begeisterung ruhig stärker sein als alle militärischen Formen! Minuten später rasselten die Ketten der Panzer durch die Straßen.

Fünfzig sowjetische Panzer blieben auf der Strecke. Oberst Maleter, der Held von Budapest, erzwang den Eingang zur Kaserne und übernahm die Führung der Aufständischen. Ein Sieg war errungen!

Und „Sieg!" schrien begeisterte Menschen, als Lautsprecherwagen verkündeten, die Regierung habe dem Druck des Volkes nachgegeben. Imre Nagy sei zum Ministerpräsidenten ernannt worden. Aber die Freude über diesen Sieg hielt nicht an. Der verhaßte Hegedüs sollte Stellvertreter Nagys werden. So billig ließen sich die Aufständischen ihren Freiheitswillen nicht abkaufen.

Der Aufstand ging weiter. Endlich, am 28. Oktober, schien er sein Ziel erreicht zu haben. Der Kadett hörte es im Rundfunk. Imre Nagy[1]) hatte eine Regierung gebildet, in der nicht nur Kommunisten vertreten waren. Und er gab bekannt, daß die sowjetischen Truppen aus Budapest abgezogen würden. Sobald das geschehen war, sollten Verhandlungen über den Abzug aus ganz Ungarn geführt werden.

Während der Kadett noch vor dem Lautsprecher saß, trat einer seiner Kameraden ins Zimmer.

„Hast du gehört? Der Kardinal ist frei!" „Kardinal Mindszenthy[2])?" „Ja. Ungarische Panzeroffiziere haben ihn aus dem Schloß geholt, in dem er seit dem Todesurteil festgehalten wurde. Er sollte gerade von der AVO verschleppt werden." „Offiziere, sagst du?" „Ja. Das ist doch gerade das Wunderbare daran! Ausgerechnet Offiziere unserer kommunistischen Armee! Weißt du, was das heißt?" „Na?" „Daß wirklich alle Ungarn auf unserer Seite sind! Wenn selbst die verläßlichsten Kommunisten gegen den Willen der alten Regierung handeln ..." „Jetzt glaube ich wirklich, daß wir gesiegt haben!" „Und ob! Am 3. November nimmt General Pal Maleter vor dem Parlamentsgebäude die Siegesparade der Panzertruppen ab!"

An diesem 3. November sah man in Budapest nur frohe Gesichter. Die Menschen drängten sich, um die Parade der Panzertruppe zu sehen. Der Kadett stand stolz im Turm eines Panzers und fuhr an seinem General vorüber. Ein Stück weiter sah er seinen Bruder ganz vorn in der ersten Reihe der Menschenmenge stehen. Der Student winkte mit beiden Armen, sein Bruder winkte zurück, und all die Menschen ringsum jubelten und lachten und strahlten und waren sicher, die Freiheit Ungarns errungen zu haben. An den Anschlagsäulen klebten Vergrößerungen einer Zeitungsmeldung. Sie gab den Befehl des sowjetischen Marschalls Schukow wieder, mit dem er seine Truppen aus Budapest abzog.

Der letzte Panzer war kaum am „Helden von Budapest" vorüber, als sich ein Adjutant zu dem General beugte. Der wandte sich hastig um und trat schnell in das Parlamentsgebäude.

1) Imre Nagy (1896–1958) hatte nach 1953 als ungarischer Ministerpräsident einen „neuen Kurs" eingeleitet, der den bisherigen Druck der kommunistischen Partei etwas linderte. 1955 wurde er daraufhin von Rákosi (siehe hier Anmerkung 2, Seite 21) zum Rücktritt gezwungen. Mit der Wiederberufung Nagys zum Ministerpräsidenten (24. Oktober 1956) versuchten die ungarischen und sowjetischen Kommunisten den Aufstand unter ihre Kontrolle zu bringen. Doch Nagy war kein willfähriger Befehlsempfänger. Er versuchte nun erneut, weitreichende Veränderungen durchzusetzen. Nach dem Zusammenbruch des Aufstandes im November wurde er verhaftet, vor Gericht gestellt und im Juni 1958 hingerichtet.

2) József Mindszenty (1892–1975) war 1945 ranghöchster katholischer Geistlicher (Primas) in Ungarn geworden. Ende 1948 wurde er als Gegner des Kommunismus von der ungarischen Regierung verhaftet und danach wegen angeblichen Hochverrats zu lebenslänglicher Haft verurteilt. Nach seiner Befreiung im Oktober 1956 lebte er bis 1971 im Asyl in der amerikanischen Botschaft in Budapest. Nachdem die ungarische Regierung seine Ausreise erlaubt hatte, konnte er seine letzten vier Lebensjahre in Wien verbringen.

„Es ist gut. Ich werde sofort zum sowjetischen Hauptquartier fahren. Man will dort Einzelheiten des Abzugs mit mir besprechen."

Minuten später rollte sein Panzer mit wehender weißer Fahne davon. Er kam nicht zurück.

Im Morgengrauen des 4. November traten sowjetische Panzereinheiten zum Angriff auf Budapest an. In den Wirren der vergangenen Tage war es kaum aufgefallen, daß sie einen immer dichteren Ring um die Hauptstadt gezogen hatten. Jetzt rollten sie in erdrückender Übermacht unaufhaltsam vor.

Vor dem Parlamentsgebäude, in dem die Regierung unter Imre Nagy beriet, hielt wieder ein Panzer mit weißer Fahne. Die Soldaten glaubten, ihr General sei zurückgekommen. Und schon waren weitere Panzer heran. Sowjetische. Das Gebäude wurde im Handstreich genommen. Da die Soldaten der Roten Armee sich im Hause nicht auskannten, gewannen die Regierungsmitglieder Zeit, um zu entfliehen.

Maschinengewehre fegten die Menschen von den Straßen. Der ungarische Kadett ließ seinen Panzer in höchster Geschwindigkeit dahinjagen. Unterwegs las er seinen Bruder auf. „Wohin?" „Den Kardinal in Sicherheit bringen!"

Aus der Kaserne, in der Kardinal Mindszenthy Wohnung genommen hatte, fuhren sie ihn in die Botschaft der Vereinigten Staaten. Dort erbat und erhielt er Asyl.

„Alles ist aus", sagte der Kadett, als die Brüder wieder auf der Straße standen. „Es kann nicht aus sein!" erwiderte der Student erregt. „Es muß noch eine Möglichkeit geben. Es muß!" „Welche? Die sowjetischen Panzer sind stärker als wir. Nicht einen Tag können wir Widerstand leisten." „Aber das müssen wir tun. Ein gewonnener Tag kann alles bedeuten. Der Kampfeslärm muß so laut werden, daß die Welt ihn hört! Man wird uns nicht im Stich lassen. Man wird Truppen schicken, die uns helfen!" „Ich glaube nicht daran", sagte der Kadett mutlos. „Aber ich muß weiter. An der Margaretenbrücke kämpfen meine Kameraden gegen die Russen."

Er schwang sich auf den Panzer, beugte sich noch einmal herunter und reichte seinem Bruder die Hand. „Auf Wiedersehen, Bruder! Und vielleicht hast du recht! Vielleicht ist doch noch nicht alles verloren."

Der Panzer rollte davon. Der junge Student schaute ihm nach und winkte. Und dort, an der Kreuzung, wo die Straßen sich zu einem kleinen Platz weiteten, waren plötzlich sowjetische Panzer und feuerten aus allen Rohren.

Der Panzer mit der ungarischen Kokarde wurde durchgerüttelt, blieb bewegungsunfähig liegen, brannte. Die Luke wurde aufgestoßen. Der Student sah den Kopf seines Bruders auftauchen. Schlank hob sich die Ge-

stalt vom düsteren Himmel dieses 4. November ab. Und dann stand der Kadett in hellen Flammen. Er hob eine Hand, winkte, fiel aus dem Turm, rollte über die Panzerplatten auf das Pflaster.
Zwei mächtige Sätze brachten den Studenten in die Deckung eines Hauseingangs. Dort stand er und starrte zur Kreuzung. Auch er hob die Hand, winkte und stand und starrte ...
Aber dann lief er los. Er achtete kaum darauf, daß Maschinengewehrkugeln ihn umsummten wie angriffslustige Hornissen. Er lief in langen Sprüngen, bog in eine Nebenstraße ein, in die nächste. Hier war alles still. Friedhofsstill. Der Student lief, die Fäuste in die vom schnellen Lauf schmerzenden Seiten gepreßt.
Dort stand das Haus, in dessen Bodenraum er in den vergangenen Tagen so oft vor dem Mikrophon gesessen hatte. Am wackligen Tisch in der Bodenkammer saß der junge Techniker des Freiheitssenders. Er war noch Lehrling. Kaum siebzehn Jahre alt. Und seine Augen waren groß und ratlos, als sie dem Kameraden entgegenstarrten.
„Alles umsonst", sagte er leise. „Los, los!" drängte der Student keuchend. „Ich muß senden! Beeil dich doch!"
Der Junge hantierte fieberhaft an seinen Geräten. „Sendebereit!" meldete er. Die gewohnte Betätigung hatte ihm die Ruhe wiedergegeben.
Der Student schaute auf die Uhr. 14 Uhr 34. Und dann sprach er die letzte Botschaft eines ungarischen Freiheitssenders. Im Westen hörte man seine Worte, die erst noch keuchend vom schnellen Lauf gesprochen wurden, dann an Dringlichkeit gewannen. Am 4. November 1956 hörte man im Westen:
„Völker der Welt! Auf den Wachtürmen des tausendjährigen Ungarn beginnen die Flammen zu erlöschen. Die Sowjetarmee will uns zerschlagen. Ihre Tanks und ihre Geschütze rollen über Ungarn hinweg. Unsere Frauen, Mütter und Töchter sind bedroht. Sie haben noch schreckliche Erinnerungen an 1945. Rettet unsere Seelen! SOS – SOS!
Vielleicht ist das, was Sie jetzt hören, das letzte Wort des letzten ungarischen Freiheitssenders. Völker der Welt – hört uns, helft uns. Nicht mit Rat, nicht mit Worten, sondern mit Taten, mit Soldaten, mit Waffen! Vergeßt nicht, daß es für die Sowjets bei ihrem brutalen Ansturm kein Halten gibt. Wenn wir untergegangen sind, werdet Ihr das nächste Opfer sein. Helft uns! SOS – SOS!
Völker Europas, euch haben wir jahrhundertelang gegen den barbarischen Ansturm aus Asien geschützt. Hört jetzt das Sturmgeläut der ungarischen Glocken, die vor dem Verderben warnen. Kommt und rettet uns! SOS – SOS!
Völker der Welt! Im Namen der Gerechtigkeit, der Freiheit und des verpflich-

tenden Prinzips der tatkräftigen Solidarität, helft uns! Das Schiff sinkt, das Licht schwindet, die Schatten werden von Stunde zu Stunde dunkler über der Erde Ungarns. Hört den Schrei! Marschiert vorwärts und reicht uns eure brüderliche Hand. Rettet uns! Hilfe, Hilfe! SOS – Rettet uns! Gott mit euch und uns!“ ■

Aus: Hans Georg Noack, Streiter – Erben – Hüter. Vom Kampf um die Menschenrechte. Baden Baden: Signal-Verlag 1964, S. 159–161 und 163–167

„Kann eine solche Grenze wirklich Frieden schaffen?“

KLAUS KORDON

Aus der Sowjetischen Besatzungszone entstand am 7. Oktober 1949 die Deutsche Demokratische Republik (DDR). In einer bereits 1945 eingeleiteten „Revolution von oben“ gestalteten die kommunistischen Machthaber die Produktions- und Eigentumsverhältnisse allmählich nach sowjetischem Vorbild um. Wer Kritik an diesen politischen und wirtschaftlichen Maßnahmen übte oder gar Flugblätter gegen Mißstände verteilte, riskierte schlimmste Strafen. Allein im Jahre 1950 wurden in der DDR über 78 000 Menschen wegen politischer Vergehen verurteilt, in einigen Fällen sogar zum Tode.
Für die Bevölkerung der DDR bedeutete der Aufbau des Sozialismus sowohl Fehlen von Grundrechten (Pressefreiheit, freie Wahlen u. a. m.) als auch Verzicht auf zahlreiche Güter des täglichen Bedarfs. Dies alles ließ die Zahl der Unzufriedenen ständig wachsen, und immer mehr Menschen kehrten der DDR den Rücken. Allein zwischen Januar 1951 und April 1953 verließen etwa 450 000 (von 18 Millionen) Menschen das Land.
Erster Höhepunkt der Unzufriedenheit mit den Verhältnissen wurde der Volksaufstand vom 17. Juni 1953. Streiks der Berliner Bauarbeiter gegen die Erhöhung der Arbeitsnormen – es sollte bei unverändertem Lohn mehr gearbeitet werden – bildeten den Anfang des Aufstandes. Am 17. Juni gingen daraufhin mehr als 500 000 Menschen in mindestens 373 Orten der DDR auf die Straßen. Sie forderten die Rücknahme der Normerhöhungen, freie Wahlen, den Rücktritt der Regierung, die Wiedervereinigung u. a. m. Die sowjetische Besatzungsmacht nahm der Regierung das Heft aus der Hand und ließ ihre in der DDR stationierten Truppen eingreifen. Panzer fuhren auf. Mit Gewalt schlug man den Aufstand nieder. Etwa 50 bis 150 Menschen starben dabei.
In den folgenden Jahren versuchten die Regierenden in der DDR die Bevölkerung durch ein besseres Angebot an Konsumgütern zum Bleiben zu bewegen. Als dann aber nach 1959 die völlige Kollektivierung der Landwirtschaft verkündet und die Verstaatlichung auch auf mittlere und kleinere Handels- und Handwerksbetriebe ausgedehnt wurde, ließ das wiederum Unzufriedenheit und Versorgungsengpässe entstehen. Erneut stieg die Zahl der Menschen, die die DDR verließen. Dabei nutzten die Flüchtlinge Berlin als „Schlupfloch“ in den Westen, da dort der Übergang von einem Sektor in die anderen noch offen geblieben war (die übrige Grenze zur Bundesrepublik war bereits seit 1952 durch Stacheldrahtzäune unpassierbar gemacht worden). Die Massenflucht von jungen und gut ausgebildeten Frauen und Männern wurde für die DDR-Führung zu einem großen wirtschaftlichen und sozialen Problem (zwischen 1949 und 1961 verließen immerhin 2,7 Millionen Bürger das Land). Statt politischer und wirtschaftlicher Reformen entwickelte man gemeinsam mit den Verbündeten Pläne, die Massenflucht durch den Bau einer Mauer an der Sektorengrenze nach West-

Berlin zu stoppen. In der Nacht zum 13. August 1961, einem Sonntag, wurden entlang der durch Berlin verlaufenden Sektorengrenze Stacheldrahtverhaue und Steinwälle hochgezogen. In den darauffolgenden Tagen errichteten Bautrupps unter scharfer militärischer Bewachung quer durch die Wohngebiete der Stadt eine Betonmauer. Die Westmächte protestierten zwar, ergriffen aber angesichts der damit verbundenen Kriegsgefahr keine Gegenmaßnahmen.

Klaus Kordon erzählt in „Hände hoch, Tschibaba!" Ereignisse aus der Berliner Nachkriegsgeschichte. Der folgende Text zeigt die Reaktionen auf den Bau der Berliner Mauer.

Die Tür zur Wohnstube wird geöffnet. Rolf fährt herum und stürzt in den Flur. Doch der Vater war schon auf dem Weg zu ihm. „Ich muß mit dir reden", sagt er. „Und ich mit dir." „Das paßt ja." Der Vater schiebt Rolf in sein Zimmer und schließt die Tür. „Du hast dir wohl schon Gedanken gemacht, was wir da dauernd miteinander diskutieren?" „Allerdings!" Die Antwort kommt schneller als beabsichtigt – und heftiger als beabsichtigt. Aber Rolf nimmt nichts zurück. Er schiebt die Daumen in die Schlaufen seiner Jeans und guckt den Vater von unten herauf an.
Der Vater setzt sich an Rolfs Tisch und steckt sich eine Zigarette an. Die ersten Züge macht er schweigend, dann sagt er leise: „Es geht nicht mehr so weiter. Sie machen mich fertig." „Wer?" „Die in der Firma. Jeden Tag höre ich es: Kollege Weber, wann werden Sie denn nun endlich den letzten Schritt tun? Kollege Weber, wann werden Sie um Aufnahme in die Partei bitten?" Rolf kennt Vaters Probleme. Er ist Ingenieur im Reichsbahnausbesserungswerk, könnte aber längst Abteilungsleiter sein – wenn er in der SED wäre. Abteilungsleiter ist der Bruno Haase, Parteimitglied, Redenschwinger, eine richtige Gipsbüste von Genosse. Aber vom Fach versteht er nur halb soviel wie Vater.
„Dann tret doch ein in den Laden, dann hast du endlich Ruhe." „Ruhe!" Der Vater lacht bitter. „Dann geht's erst richtig los, dann hagelt's Parteiaufträge. Was denn, Genosse Weber, du willst kündigen? Das geht nicht, wir brauchen dich hier. Genosse Weber, morgen tagt das Parteiaktiv, du mußt einen Vortrag über die schädlichen Auswirkungen des Weltimperialismus auf den Zuckerrübenanbau in Mecklenburg halten."
Der Vater sucht einen Aschenbecher, findet keinen, geht zum Fenster und schnippt die Asche hinaus. Dann dreht er sich zu Rolf um, der dicht neben ihm steht, und fragt ernst: „Denkst du, es macht Spaß, von morgens bis abends Begeisterung heucheln zu müssen? Und noch dazu für etwas, was man eigentlich ablehnt?" „Und was willst du tun?" Der Vater guckt Rolf lange an, bevor er antwortet. Dann sagt er leise: „Ich gehe fort – in den Westen. Ich habe dort eine Stelle bekommen."
Rolf senkt den Blick. Er hatte so etwas geahnt. Und es lag ja auch nahe. Jeden Tag verschwinden mehr als tausend. Aus der ganzen DDR kom-

men sie nach Berlin, um mit der S-Bahn in den Westen zu fahren und nicht mehr wiederzukehren. Im RIAS[1]) haben sie es gesagt: Das Flüchtlingsaufnahmelager in Marienfelde ist überfüllt, die Flüchtlinge müssen mit Flugzeugen in die Bundesrepublik ausgeflogen werden. Und doch, obwohl es so viele tun, haftet dieser Flucht etwas Negatives an. Es klingt nach Verrat. Und in der Schule heißt es, nur verbrecherische Elemente oder Dummköpfe würden die DDR verlassen. Die Republikflüchtlinge würden einfach nicht begreifen, daß sie sich auf der Seite des Fortschritts befänden. Für eine Tafel Westschokolade oder ein Päckchen Westzigaretten verrieten sie ihre Kollegen in den Betrieben, ihre Nachbarn und Freunde, und nicht zuletzt ihre Heimat.

Der Vater hat während der ganzen Zeit keinen Blick von Rolf genommen. Nun sagt er: „Ich weiß, was du denkst. Irgendwas von dem, was sie dir erzählt haben, muß ja hängengeblieben sein. Ich hab jetzt aber leider keine Zeit, um es gründlich zu widerlegen. Nur soviel: Als junger Mann habe ich mich für diesen neuen Staat interessiert. Ein Staat ohne Ausbeutung sollte die DDR werden, Gleichheit und Brüderlichkeit hatte sie sich auf die Fahnen geschrieben. Alles Ideale, für die auch ich mich begeistern konnte. Aber was ist daraus geworden? Eine Funktionärsclique regiert. Wer eine andere Meinung hat, wird unterdrückt; wer sie dennoch sagt, wird eingesperrt. Wir nennen uns demokratisch, sind aber keine Demokratie, denn wir können nicht einmal frei wählen. Und das alles nennen sie auch noch Sozialismus.“

[Kurze Zeit später flieht der Vater mit der S-Bahn nach Westberlin.]

Es ist Sonntag. Rolf liebt es, sonntags lange im Bett zu bleiben. Nicht um zu schlafen, sondern um vor sich hinzudösen, nachzudenken oder zu lesen. An diesem Sonntag aber ist er gleich wach. Er hat ja nun schon seit fünf Wochen Ferien, kann jeden Tag ausschlafen, ist nicht mehr müde. Die Arme unter dem Kopf verschränkt, schaut er zum Fenster hin.

Sonnenschein liegt über der Stadt, nur ein paar vereinzelte Wolken treiben über den Himmel. Das ist gut. Dieter will kommen, um ihn abzuholen. Sie wollen nach Weißensee raus, schwimmen. Daggi, Fränkie, Wolle und Johnny wollen auch mitfahren.

In der Küche spielt leise Musik. Die Mutter ist also auch schon wach. Rolf steht auf, um ins Bad zu gehen. Doch die Mutter hat ihn gehört. Sie kommt in den Flur und sieht ihn groß an. „Jetzt ist es also passiert“, sagt sie. „Was denn?“ „Sie haben die Grenze dichtgemacht.“ „Die Grenze? Welche Grenze denn?“ „Na, unsere! Die Grenze nach Westberlin.“

1) RIAS: Rundfunk im amerikanischen Sektor. Die im September 1946 eingerichtete Rundfunkanstalt meldete sich unter dem Motto „Eine freie Stimme der freien Welt“. Absicht des Senders wurde es, die Widersprüche zwischen Propaganda und Wirklichkeit im Kommunismus aufzudecken.

Rolf schaut die Mutter ungläubig an. „Woher weißt'n das?" „Aus den Nachrichten. Sie haben es angesagt ... im Osten wie im Westen."

Rolf steht in der Badezimmertür, die Klinke in der Hand, aber er betritt das Bad nicht. Dann hat der Vater also doch recht gehabt! Dann hat ihn seine Ahnung nicht getrogen. Zwei Tage später, und er wäre nicht mehr rübergekommen ...

„Wenn du mich fragst", sagt die Mutter, „ich finde, es war höchste Zeit dafür. Wenn ich nur an all die Grenzgänger denke, wie sie im Westen gearbeitet und im Osten gelebt haben. Drüben haben sie die Löhne gedrückt, und hier haben sie alles leergekauft."

An der Tür läutet es Sturm. Die Mutter geht hin und öffnet. Es ist Dieter. „Wissen Sie's schon?" geht er gleich die Mutter an. „Haben Sie schon gehört, was die Misthunde gemacht haben?" „Die Misthunde?" fragt die Mutter verwirrt. „Na, die Vopos[1])! Alle Grenzen sind dicht. Die lassen keinen mehr rüber."

Die Mutter schüttelt nur stumm den Kopf. Sie hält nicht viel von Dieter, für den alles, was aus dem Westen kommt, drei Klassen besser ist als das Beste aus dem Osten. Ihrer Meinung nach sind Fränkie und Dieter kein Umgang für Rolf.

„Finden Sie das etwa in Ordnung?" fragt Dieter verblüfft.

„Die haben die Westberliner eingesperrt. Und uns auch. Die sperren einfach alle ein." „Das ist eine Schutzmaßnahme", sagt die Mutter etwas ruhiger. „Das ist, um einen neuen Krieg zu verhindern." Dieter guckt, als bezweifele er, richtig gehört zu haben. Dann wendet er sich Rolf zu, der in der Tür steht und nichts sagt. „Schwimmen fällt aus. Wir treffen uns unten." „Ich komme", sagt Rolf, dann geht er ins Bad und wäscht sich schnell. Als er fertig angezogen ist, läuft er, ohne erst lange zu frühstükken, nur mit einer Scheibe Brot in der Hand die Treppe hinunter. „Bleib in der Nähe", ruft ihm die Mutter noch nach. „Laß dich zu nichts überreden, hörst du!"

Dieter, Johnny und Wolle stehen um Fränkie auf seiner Red Mary herum und lauschen Johnnys Kofferradio. „Alles im Arsch!" ruft Wolle, als er Rolf kommen sieht. „Alles aus! Alles zappenduster!" Der Westberliner Bürgermeister spricht im Radio. Seine Stimme ist voller Empörung, aber er warnt vor unüberlegten Schritten. „Unüberlegte Schritte!" Dieter zieht die Nase hoch und spuckt im hohen Bogen aus. „Der hat gut reden. Der ist ja drüben." „Der meint nicht nur uns", sagt Johnny, „der meint auch die Amis." Alle schweigen, bis Dieter spöttisch sagt: „Rolfs Mutter meint, der Osten will dadurch 'n Krieg verhindern." „Mein Vater sagt das auch",

1) Vopos: Abkürzung für die Mitarbeiter der Volkspolizei.

bestätigt Johnny. „Er meint, wir waren schon dicht dran." „Dein Vater ist ja auch 'n Bonze." Dieter spuckt schon wieder aus. Er hat offensichtlich Lust zu spucken, allen zu zeigen, wie verachtungswürdig er das alles findet. Und mit dem Bonzen will er ausdrücken, daß Johnnys Vater in der Partei eine ziemlich hohe Stellung bekleidet und deshalb gar nichts anderes sagen kann. [...]

An der Eberswalder Straße, die am Stadion entlangführt und hinter der Grenze zur Bernauer Straße wird, stauen sich die Menschen. Es sind Frauen, Männer, Kinder und viele Jugendliche. Die meisten Frauen halten Taschentücher in den Händen, schneuzen hinein, wischen sich die Augen. Die Männer stehen nur da und gucken, keiner sagt etwas. Und schaut sich doch mal einer vorsichtig um, um vorher zu sehen, wer ihm zuhört, und murmelt dann etwas, ist das, was er sagt, ein Fluch oder ein Witz, ein böser Witz.

Daggi und die Jungen gehen so dicht wie möglich an die Grenze heran und stehen dann in der ersten Reihe der Neugierigen. Betroffen sehen sie den Stacheldraht, der quer über die Straße gezogen worden ist und die bisher unsichtbare Sektorengrenze zur richtigen Grenze macht. Keinen Meter dahinter stehen die ersten Westberliner. Ebenfalls Männer, Frauen und Kinder. Einige Westberliner Jugendliche rufen: „Ihr Schweine! Hört doch endlich auf damit." Sie meinen die Volkspolizisten und die Männer in den blauen Uniformen der Betriebskampfgruppen[1]), die immer weitere Stacheldrahtrollen über die Straße ziehen.

Eine Frau nähert sich dem Stacheldraht bis auf wenige Zentimeter und winkt einem jungen Mann zu, der auf der anderen Seite steht und mit den Händen in den Taschen herüberschaut. „Hans!" ruft die Frau dem jungen Mann zu. „Komm doch lieber wieder zurück." Der junge Mann schüttelt stumm den Kopf. Da macht die Frau einen weiteren Schritt vor und hebt das Bein ... Ein Vopo hat das gesehen. Er nimmt seine Maschinenpistole von der Schulter und schreit: „Halt! Stehenbleiben." Die Frau dreht sich um. „Ich will zu meinem Sohn", sagt sie. „Bitte, lassen Sie mich durch." „Das geht nicht! Sind Sie denn verrückt geworden?" Der Vopo weiß nicht, was er tun soll. Er hält die Frau am Arm und dreht sich immer wieder um. Ein Polizeioffizier, der den Vorfall beobachtet hat, kommt angelaufen und weiß besser Bescheid. „Verhaften!" schreit er. „Sofort verhaften!"

1) Betriebskampfgruppen: Neben der Volkspolizei und der Nationalen Volksarmee gab es in der DDR etwa 15 000 sogenannte „Kampfgruppen der Arbeiterklassen". Diese militärisch organisierten und ausgestatteten Verbände setzten sich aus rund 400 000 Mitarbeitern der Industrie, der landwirtschaftlichen Produktionsgenossenschaften, der staatlichen Verwaltungen und anderen Einrichtungen der DDR zusammen. Sie sollten die DDR im „Verteidigungsfall" schützen.

Dieter steckt zwei Finger in den Mund und pfeift laut. Auch Fränkie pfeift. Wolle, Rolf und viele andere fallen ein. Wieder andere rufen „Pfui!" oder „Laßt die Frau in Ruhe!" Und von Westberliner Seite fliegen Steine herüber. Die Vopos kommen in Bewegung, zwei führen die Frau ab, die anderen richten ihre Maschinenpistolen auf die Männer und Frauen auf der anderen Seite. Die Pfiffe und Rufe werden lauter, und die Männer in den Kampfgruppenuniformen unsicherer. „Schwei-ne! Schwei-ne!" skandieren die Leute auf der Westberliner Seite der Straße nun. Und: „Ver-bre-cher! Ver-bre-cher! Ver-bre-cher!"

Der Polizeioffizier, der die Frau abführen ließ, kommt zurück und schreit Befehle. Die Vopos lassen ihre Stacheldrahtrollen liegen und bilden eine Front gegenüber den Westberlinern.

„Und die in eurem Rücken seht ihr nicht?" ruft der junge Mann, dessen Mutter abgeführt worden ist. „Glaubt ihr etwa, die sind für euch?" Einige der Männer und Frauen auf der Westberliner Seite lachen, aber sie machen ein paar Schritte zurück.

„Haste mal 'ne Lulle?" Rolf stößt Dieter an. Er bekommt seine Zigarette, zündet sie sich mit Dieters Streichhölzern an und setzt sich auf den Rinnstein. Er kann da nicht mehr zusehen. Er hat Angst davor, jeden Augenblick unter den Westberlinern den Vater auftauchen zu sehen. Das ist blöd, Berlin ist groß und die Grenze zwischen West- und Ostberlin fast fünfzig Kilometer lang. Wie an der Bernauer Straße sieht es sicherlich an allen Übergängen aus. Vielleicht steht der Vater jetzt an einem anderen Übergang – und denkt an ihn, wie er jetzt an den Vater denkt …

„Macht keinen Spaß, was?" Daggi hockt sich zu Rolf und nimmt ihm die Zigarette aus der Hand, um mal dran zu ziehen. Und da sagt Rolf es. Nun darf er ja darüber reden, und jetzt muß er es auch. „Mein Vater ist seit zwei Tagen drüben. Den seh ich jetzt ewig nicht wieder."

„Ach, du liebe Scheiße!" Daggi sieht Rolf mitfühlend an, aber er spürt, daß sie nicht besonders überrascht ist. „Und deine Mutter?" „Die ist hier. Und die bleibt auch hier." „Und du?" Rolf zuckt die Achseln. „Mal sehen."

Die Mutter hat sich beim Kochen Mühe gegeben und ein Gericht ausgewählt, von dem sie weiß, daß es zu Rolfs Lieblingsspeisen gehört: Kohlrouladen. […] Nach dem Essen fragt sie ihn, ob er Lust auf einen Spaziergang hat. „Wohin?" fragt Rolf. „Zur Bernauer?"

Die Mutter steht auf und beginnt, das Geschirr abzuräumen, aber dann läßt sie das sein und sagt: „Gut. Reden wir darüber. Das alles zu verstehen ist sicher nicht so leicht für dich." Sie setzt sich wieder hin und nimmt Rolfs Hände. „Wir mußten das tun! Denk nur mal an die Grenzgänger. Und an die vielen, die jeden Tag abgehauen sind. Die offene

Grenze hat jedes Jahr einen Schaden von mehr als drei Milliarden Mark verursacht.“ „Und warum wollen so viele weg?“ „Weil sie nicht kapieren, weshalb wir immer noch Schwierigkeiten haben. Und daß diese Schwierigkeiten dadurch, daß so viele weglaufen, nicht weniger werden.“
Die Mutter meint wirtschaftliche Schwierigkeiten. Sie behauptet, die meisten Flüchtlinge würden nur wegen der vollen Schaufenster weglaufen. Der Vater sagte dazu, daß das auf viele zuträfe, nicht aber auf alle. Viele würden auch einfach nur mehr Freiheit suchen. Rolf entgegnet das, und er weiß, daß er der Mutter damit einen Schock versetzt, denn nun führt er mit ihr die Diskussionen, die sie zuvor immer mit dem Vater führen mußte.
„Freiheit!“ Die Mutter muß sich zusammennehmen, um nicht noch heftiger zu reagieren. „Was heißt denn Freiheit? Zuerst geht's doch wohl mal um den Frieden. Weißt du denn nicht, daß der Westen bereits Pläne in der Schublade hat, in denen jetzt schon steht, wie unsere Betriebe nach der ‚Wiedervereinigung‘ verwaltet werden sollen? Ich kann mich noch an den letzten Krieg erinnern, der reicht mir, ich will keinen neuen.“
Frieden! Kann eine solche Grenze wirklich Frieden schaffen? Auf dem Rückweg von der Bernauer Straße riß Dieter ein Plakat von der Wand. *Für Frieden und Völkerverständigung* stand darauf. Dieter sagte, diese Art Frieden wolle er nicht.
„Meinst du wirklich, daß der Westen Krieg will?“ fragt Rolf die Mutter. „Das wird dann doch 'n Atomkrieg, da gehen sie doch selber drauf.“
„Und warum reden sie dann immer so?“ fragt die Mutter zurück. „Warum lassen sie uns nicht in Ruhe? Wieso stören sie unsere Arbeit?“
Rolf muß wieder an den Vater denken. Der Vater sagte einmal, diese Art von Sozialismus breche den Leuten das Rückgrat. Bertolt Brecht[1]) habe mal gesagt, die unbequemsten Mitarbeiter sollten uns die liebsten sein, weil nur sie wirklichen Fortschritt brächten. Der Partei aber seien die Bequemsten die liebsten, nämlich die, die keine Fragen stellen, sondern ausführen, was angeordnet wird – und daß es so viele davon gäbe, wäre eine deutsche Krankheit.
Ist die Mutter bequem? Oder ist sie wirklich mit allem so hundertprozentig einverstanden? ■

Aus: Klaus Kordon, Hände hoch, Tschibaba! Geschichten von damals und heute. München: Erika Klopp 1985, S. 152–154 und 163–172

1) Der aus Augsburg stammende Schriftsteller und Regisseur Bertolt Brecht (1898–1956) war 1933 vor den Nationalsozialisten aus Deutschland geflohen und ins Exil gegangen. 1947 kehrte er aus den USA nach Europa zurück. Da Brecht, der mit der kommunistischen Weltanschauung sympathisierte, in der Schweiz vergeblich auf eine Einreisegenehmigung nach Westdeutschland warten mußte, ging er nach Ostberlin. Dort gründete er mit staatlicher Unterstützung 1949 das „Berliner Ensemble“, eine Theatergruppe, mit der er bis zu seinem Tode arbeitete.

Geschichten aus der Zeit von 1963 bis 1992

„Keiner dreht mich um"

Arnulf Zitelmann

Während des blutigen Bürgerkrieges zwischen den Nord- und Südstaaten war den farbigen Sklaven in den USA 1863 die Freiheit verkündet worden. Doch diese Freiheit bedeutete in den folgenden Jahrzehnten nicht die allmähliche Angleichung der Lebenschancen von Farbigen und Weißen. Vor allem im Süden der USA hielten viele Weiße an der Rassentrennungspolitik (Apartheid) fest. Sie verhinderten nicht nur die Gleichstellung der Farbigen bei Wahlen, sondern sie sorgten auch dafür, daß ihre Bildungschancen schlechter, ihre Verdienstmöglichkeiten geringer und ihre Arbeitslosigkeit höher blieben. Häufige Rassenunruhen waren die Folge. Gegen die Ungerechtigkeiten bildete sich in den 1950er Jahren eine Bürgerrechtsbewegung. Ihr Führer wurde der farbige Pfarrer Martin Luther King (1929–1968) aus Atlanta (Georgia). Er machte den gewaltlosen Widerstand und bürgerlichen Ungehorsam zu den wirksamsten Mitteln im Kampf um die Bürgerrechte. 1956 organisierte er beispielsweise einen Omnibuskoykott in Montgomery (Alabama), der zur Aufhebung der Rassentrennung in den öffentlichen Verkehrsmitteln führte. Weitere gewaltlose Aktionen und Demonstrationen gegen die Benachteiligungen der farbigen Bevölkerung folgten. Sie brachten ihm häufige Verhaftungen und zahlreiche Gefängnisstrafen ein. Politische Unterstützung fand die Bürgerrechtsbewegung bei John F. Kennedy (1917–1963), der 1960 zum amerikanischen Präsidenten gewählt worden war. Er setzte sich für neue Bürgerrechtsgesetze ein, die Maßnahmen zur Erzwingung des Wahlrechts der Schwarzen sowie die Beseitigung der Rassendiskriminierung in Schulen, Hotels, Gaststätten, Schwimmbädern und anderen öffentlichen Einrichtungen vorsahen. Die Annahme dieser Gesetze erreichte aber erst Lyndon B. Johnson (1908–1973), der nach der Ermordung Kennedys im November 1963 neuer Präsident wurde. Martin Luther King, der für seinen gewaltlosen Kampf 1964 den Friedensnobelpreis erhielt, sollte das gleiche Schicksal wie Kennedy ereilen: Am 4. April 1968 wurde der 39jährige von einem Weißen in Memphis (Tennessee) erschossen.
Arnulf Zitelmann hat in „Keiner dreht mich um" die Lebensgeschichte des außergewöhnlichen Mannes beschrieben. In dem folgenden Auszug schildert er Martin Luther Kings Kampagne zur Abschaffung der Rassentrennung in der Industriestadt Birmingham (Alabama).

1963, im Birmingham-Jahr, stieg die Bewegung aus den Kinderschuhen. „Bombingham" nannten die 135 000 Schwarzen ihre Stadt, in der sie fast vierzig Prozent der Bevölkerung stellten.
„Schön, Sie in Birmingham zu haben", grüßten Poster an den Einfallstraßen der Stadt. Die Schwarzen jedoch waren damit nicht gemeint. Seit 1957 waren siebzehn unaufgeklärte Sprengstoffanschläge auf Negerkirchen der Stadt verübt worden, fünfzigmal war der Ku-Klux-Klan[1]) in das

1) Ku-Klux-Klan (K.K.K.): Geheimbund weißer Südstaatler, der mit terroristischen Aktionen (Brandstiftungen, Auspeitschungen, Morde) die Gleichberechtigung der schwarzen Amerikaner zu verhindern suchte. Die Mitglieder verpflichteten sich durch Eid zum absoluten Gehorsam gegenüber der Führung des K.K.K.; bei ihren Terroranschlägen trugen sie eine weiße Kapuzentracht. Der erste 1865/66 gegründete K.K.K., dem teilweise bis zu 500 000 Männer angehörten, wurde 1882 für verfassungswidrig erklärt. 1915 wurde ein zweiter K.K.K. gegründet, der in den 1960er Jahren etwa 30 000 bis 60 000 Mitglieder hatte. Er versuchte mit gewaltsamen Mitteln die 1963 vorgelegten Bürgerrechtsgesetze zu verhindern, die den Farbigen die volle Gleichberechtigung und das Wahlrecht garantieren sollten.

Farbigenviertel einmarschiert. Birmingham, das Industriezentrum Alabamas, anderthalb Autostunden nördlich von Montgomery, war ein gefährliches Pflaster, und der Stadtkommissar Theophilus Eugene Connor paßte ins Bild. „Bull – der Bulle", nannten ihn die Schwarzen, aber auch seine Freunde. Connor, ein Mann mit gutsitzenden Anzügen, fröhlichen Krawatten und Hornbrille, war stolz auf seinen Beinamen. Er zeichnete für die Sicherheit der Stadt, und darunter fiel auch ihre rassistische Ordnung.

„Eher wird Blut durch die Straßen fließen, als daß Birmingham die Rassentrennung aufhebt", war einer der markigen Sprüche des Stadtsicherheitskommissars. Im Frühjahr 1963 floß Blut.

Fred Shuttlesworth, ein Kollege Martins[1]) und sein Freund seit Montgomery, hatte ihn nach Birmingham gerufen. Die „Christliche Führungskonferenz" wußte, daß sie sich auf ein kritisches Unternehmen einließ. Bei einer Vorbereitungssitzung des Stabs erklärte Martin seinen Mitarbeitern: „Ich lege Wert darauf, daß jeder von euch sich sorgfältig seine Entscheidung überlegt, ob er bei der Kampagne mitmachen will. Nach meiner Einschätzung werden einige von denen, die hier sitzen, nicht lebendig zurückkommen. Denkt also darüber nach."

Die SCLC[2]) hatte aus ihren Fehlern gelernt. Einige hundert Freiwillige wurden rekrutiert, um die schwarze Bevölkerung Birminghams auf den „Feldzug des zivilen Ungehorsams" vorzubereiten. Die Planung sah vor, in der Anfangsphase den Schwerpunkt des Protests auf einen Käuferstreik der Schwarzen zu konzentrieren. Die Geschäftswelt, das Herz der politischen Macht, sollte zuerst getroffen werden.

Mitte Januar bereiste Martin sechzehn Städte außerhalb des Südens, um die finanziellen Mittel für die Aktion zusammenzubringen. Er hielt 28 Ansprachen, nicht zu rechnen Stegreifkonferenzen mit Kirchenmännern und Negerführern vor Ort, dazu kamen noch zahllose Arbeitsessen. Die Teilnehmer einer Massenkundgebung in Los Angeles spendeten 75 000 Dollar, und wieder brachte Harry Belafonte[3]) mit seinen Konzerten einen Großteil der benötigten Gelder auf, die man für die Birmingham-Aktion hochgerechnet hatte. Es war ein Budget von beinahe einer halben Million Dollar. Als Starttag der Kampagne hatte die SCLC Mittwoch, den 3. April gewählt. Abends zuvor rief Martin zu einem Gebetstreff auf: „Wir marschieren für ein freies Land, und niemand wird uns da-

1) Gemeint ist Martin Luther King.
2) SCLC: Southern Christian Leadership Conference; Martin Luther King war Präsident dieser von ihm 1957 mitgegründeten Organisation der schwarzen Bürgerrechtsbewegung.
3) Harry Belafonte (*1927), ein amerikanischer Sänger jamaikanischer Herkunft, setzte sich seit Ende der 50er Jahre mit seiner Musik für die Bürgerrechtsbewegung ein.

von abbringen können", rief er der Versammlung zu. „Wir machen Birmingham zum nationalen Widerstandszentrum gegen die Politik der Rassendiskriminierung. Ich bin hierher gekommen, um zu bleiben, bis wir erreicht haben, was wir verlangen."

Die Leute sangen „We shall overcome", Freiheits-Songs wie „Ich laß mir nichts gefallen, keiner dreht mich um" und „Heut früh bin ich aufgestanden zu einem Freiheitstag." Und dann fiel Martin ins „Whooping", wie Coretta[1]) es nannte, wenn er auf die Erregung seiner Zuhörer reagierte, ihre Ergriffenheit seine noch steigerte, *Soul-Power* ihn überkam:

„Meine Schuhe sind geschnürt!

Yes, Lord, meine auch

Heut früh bin ich aufgestanden zu einem Freiheitstag!

Sag's uns, Doktor, sag's

Ich laß mir nichts gefallen, keiner dreht mich um!

Bruder, wir marschieren, wir sind dabei

Und wenn die Freiheitsstraße durchs Gefängnis führt, dann, Schließer, los, mach auf!

Amen, preist den Herrn

Ein paar von euch haben Angst!

Das stimmt

Ein paar ringen noch mit sich!

Sag's uns, sag, wie's ist

Aber wenn ihr nicht gehen wollt, hindert mich nicht! Wir marschieren ohne Gewalt. Wir werden diese Nation zwingen, diese Stadt, diese Welt, auf ihr Gewissen zu hören. Wir haben ein Ziel, wir wollen, daß der Gott der Liebe in dem weißen Mann über den Satan der Rassentrennung triumphiert, der in ihm sitzt. Das ist keine Auseinandersetzung zwischen Schwarz und Weiß!

Nein, nein

Sondern zwischen Gut und Böse!

Genauso ist es

Und wenn Gut und Böse aufeinanderprallen, wird das Gute siegen!"

Dreißig ausgesuchte Freiwillige plazierten sich am Mittwoch an den Imbißtresen der fünf führenden Warenhäuser Birminghams. Sie baten um Bedienung, wurden abgewiesen und zum Verlassen des Lokals aufgefordert. Als sie sich weigerten, ihre Plätze zu räumen, führte die herbeizitierte Polizei einundzwanzig von ihnen ins Gefängnis ab. Abends forderte King die farbige Bevölkerung auf, aus Solidarität mit den Inhaftierten die weißen Warenhäuser zu boykottieren, und sagte: „Jeder Neger, der mit

1) Coretta: die Ehefrau von Martin Luther King.

einer Einkaufstasche in der Innenstadt gesehen wird, ist noch nicht reif für die Freiheit."

[...]

Die ersten drei Protesttage verliefen fast friedlich. Bull Connor gab sich zivil. Insgesamt erfolgten nur fünfunddreißig Verhaftungen. Der folgende Samstag markierte die zweite Phase der Aktion. Fünfundvierzig Freiwillige marschierten mit Pastor Shuttlesworth zum Rathaus, um gegen die Inhaftierung von Bürgerrechtlern Protest einzulegen. Es war der erste von vielen ständig anwachsenden Demonstrationszügen, die Birmingham in den kommenden vierunddreißig Tagen erleben sollte. Zweiundvierzig Schwarze wurden festgenommen.

Am Sonntag führte Martins Bruder Alfred-Daniel, der vor Monaten dem Ruf auf eine Pfarrstelle in Birmingham gefolgt war, einen Gebetsmarsch in die Innenstadt. Er wurde mit fünfundzwanzig anderen Demonstranten ins Gefängnis verfrachtet. Bull Connor hielt immer noch an sich. Aber jetzt brachte er seine Hundestaffel in Einsatz.

In Washington verfolgte das Justizministerium die Entwicklung mit Besorgnis. FBI-Beamte hielten Robert Kennedy[1]) auf dem laufenden, und er sah voraus, wie Bull Connor reagieren würde, wenn die Unruhen anhalten sollte. Er ließ Martin Luther King eine persönliche Botschaft zukommen und riet Martin, eine langsamere Gangart einzulegen, denn, so Kennedy, „die Bürgerrechte werden nicht auf der Straße gewonnen."

Martin kannte das Argument, er hatte es oft genug gehört, und es verfing nicht mehr bei ihm: „Die Politik der kleinen Schritte kann nicht nur als nutzlos, sondern muß jetzt als echte Gefahr betrachtet werden. Sie ist ein Beruhigungsmittel, das einem den Leidensdruck nimmt, aber die Krankheit und ihre zerstörerischen Folgen fortwirken läßt. Eine Politik der kleinen Schritte führt zur Abwieglung und zur Aufweichung der militanten Haltung, die uns allein einer Änderung der Verhältnisse näher bringt."

King war auch entschlossen, eine ihm vom Ortsgericht zugestellte einstweilige Verfügung gegen die Durchführung weiterer Protestaktionen zu ignorieren. „Die Neger haben keine Angst mehr", erklärte er auf einer Kundgebung in der Zion Hill Kirche.

[...]

Martin kündigte an, er werde morgen, am Gründonnerstag, als Vorbereitung auf den Karfreitagsmarsch fasten.

1) FBI: Federal Bureau of Investigation; Bundeskriminalpolizei der Vereinigten Staaten. Das FBI untersteht dem Bundesjustizministerium. Robert F. Kennedy (1925–1968, ermordet), der Bruder von John F. Kennedy, hatte 1961 das Justizministerium übernommen; auch er war ein entschiedener Gegner jeder Rassendiskriminierung.

In der Morgendämmerung stand er auf und stieg in seine Gefängniskluft, Blue Jeans, Baumwollhemd und Sandalen. In den letzten zurückliegenden Tagen waren zwischen vier- und fünfhundert Schwarze verhaftet worden. Die SCLC hatte zugesagt, jeweils nach fünf Tagen die Gefangenen gegen Kaution auszulösen. Die Polizei verlangte jetzt das Geld sofort und in bar: Es bedeutete einen warmen Regen für die Stadtkasse von Birmingham. Wie lange würde die SCLC das durchstehen können, ohne finanziell auszubluten, fragte sich Martin besorgt. Eigentlich müßte er jetzt Geld zusammentrommeln, statt ins Gefängnis zu gehen. Aber er hatte seine Entscheidung getroffen.

Unten im Gaston-Hotel, das den Stab der Bewegung beherbergte und von einem schwarzen Besitzer geführt wurde, empfing ihn Daddy King, der in der Frühe bereits von Atlanta herübergekommen war. Sie umarmten sich und fuhren dann zur Zionskirche, wo sich der Marschzug formieren sollte.

Martin hielt seine Karfreitagspredigt und verabschiedete sich von der Gemeinde. Jemand flüsterte: „Da geht er, genau wie Jesus." Die Reihen der Freiwilligen formierten sich auf der Straße und zogen in die Richtung des Rathauses, dem steinernen Symbol von Ungerechtigkeit und Unterdrükkung für die schwarzen Bürger des Südens. Zuschauer säumten den Weg und riefen im Sprechchor: „Freiheit! Freiheit!" Bull Connor ließ den Zug sieben, acht Straßenkreuzungen passieren, dann befahl er seinen Beamten einzugreifen. Die Demonstranten wurden festgenommen und ins Stadtgefängnis abgeführt. Martin bekam zur Haftverschärfung eine Einzelzelle zugewiesen. Es war sein dreizehnter Gefängnisaufenthalt.

Die Arrestierung der Karfreitagsmarschierer bedeutete den Wendepunkt der Birminghamkrise. Der Stadtsicherheitskommissar verlor die Geduld. Den Inhaftierten wurden alle Außenkontakte untersagt, sogar das Gespräch mit dem Anwalt. Eine Flut von Telegrammen erreichte das Weiße Haus, ausländische Zeitungen kritisierten offen die rassistische Innenpolitik der USA. Harry Belafonte trat wieder in Aktion und brachte nochmals 50 000 Dollar Kautionsgelder zusammen. Coretta griff Ostersonntag zum Telefon und versuchte John F. Kennedy[1]) auf seinem Landsitz in Florida zu erreichen. Sie hatte seit Karfreitag keine Nachricht von Martin.

Am nächsten Tag rief der Präsident zurück; sein zweiter Anruf seit dem historischen Telefongespräch mit der Frau des Negerpastors, der ihm geholfen hatte, die Wahl zu gewinnen. Kennedy versicherte Coretta, daß ihr Mann wohlauf sei, und teilte mit, er habe angeordnet, daß Martin mit

1) Kennedy hatte in seinem Wahlkampf bereits eine Verbesserung der Bürgerrechte für die Farbigen angekündigt.

ihr sprechen dürfe. Eine Viertelstunde später rief King zu Hause an. Die Kennedys hatten ihre Schulden bezahlt.

Im Gefängnis verfaßte Martin Luther King seinen berühmten Birmingham-Brief. Er ging an die Adresse von jüdischen, katholischen und protestantischen Geistlichen, die an King appelliert hatten, seine Konfrontationsaktionen einzustellen. Zwar zeigten Meinungsumfragen in den Kirchengemeinden, daß eine Zweidrittelmehrheit der Geistlichen mit King sympathisierte oder sogar die Bürgerrechtsbewegung aktiv unterstützte, doch die Zahlen aus den Südstaaten lasen sich anders. Hier äußerte mehr als die Hälfte der Befragten: „Die Neger täten besser daran, ihre legalen Möglichkeiten zu nutzen, als soviel Zeit auf Demonstrationen zu verwenden." Martin begann sein Antwortschreiben mit Notizen auf Zeitungsrändern und anderen Papierresten. Dann konnte ihn der SCLC-Anwalt mit einem Block Schreibpapier versorgen.

Der „Birmingham-Letter", wie Kings spätere Rede vor dem Lincoln Memorial[1]) zählt heute zu den klassischen Dokumenten der jüngsten amerikanischen Geschichte. In dem 6 400 Worte umfassenden Text hält Martin seinen Amtskollegen vor: „Warte doch ab – das können jene leicht sagen, die nie die sengenden Pfeile der Segregation[2]) gespürt haben ... Wenn man über Land fährt und Nacht um Nacht in den unbequemen Ecken seines Automobils schlafen muß, weil kein Motel einen aufnimmt; wenn man Tag um Tag gedemütigt wird durch stichelnde Schilder ‚Weiße' und ‚Farbige'; wenn man mit Vornamen nur noch ‚Nigger' heißt, mit Mittelnamen ‚Junge' (gleichgültig wie alt man ist) und mit Nachnamen ‚John'; wenn der Ehefrau, der Mutter niemals der Respekttitel ‚Mrs.' zuerkannt wird; wenn einen die Tatsache, daß man Neger ist, bei Tag plagt und bei Nacht verfolgt, so daß man dauernd auf den Zehenspitzen steht ... – dann muß doch zu begreifen sein, warum uns das Warten schwerfällt ... Ich hoffe, meine Herren, Sie können unsere legitime und unvermeidliche Ungeduld verstehen ... Jetzt nennt man dies extremistisch. Ich gestehe, daß mich diese Einstufung anfänglich enttäuscht hat. Aber als ich länger darüber nachdachte, bereitet es mir allmählich ein bißchen Genugtuung, als Extremist betrachtet zu werden. War nicht Jesus ein Extremist der Liebe – ‚Liebet eure Feinde.' War nicht Martin Luther ein Extremist – ‚Hier stehe ich, ich kann nicht anders ...'[3]) War nicht Thomas Jefferson ein Extremist – ‚Wir halten diese Wahrheiten für selbstverständlich: daß alle Menschen gleich geschaffen sind.'[4]) Die

1) Hinweis auf die Rede vom 29. August 1963 in Washington vor rund 200 000 Menschen.

2) Segregation: Trennung; hier Rassentrennung.

3) Mit diesen Worten soll sich 1521 der Reformator Martin Luther (1483–1546) in Worms geweigert haben, seine Glaubensvorstellungen zu widerrufen.

4) Dieser Satz wird Thomas Jefferson (1745–1826) zugeschrieben, der die Unabhängigkeitserklärung von 1776 entworfen hatte und 1801 dritter Präsident der Vereinigten Staaten wurde.

Frage ist dann nicht, ob wir Extremisten sind, sondern welche Art Extremisten wir sind. Werden wir Extremisten sein zugunsten fortdauernder Ungerechtigkeit – oder Extremisten im Dienst der Gerechtigkeit?"
Martin Luther King schrieb, wie er seiner Frau später erzählte, den größten Teil seines Gefängnisbriefes im Stehen, an die Mauer unterhalb des winzigen Lichteinfalls seiner Zelle gelehnt. Mit einer Antwort wird er nicht gerechnet haben, und es kam auch keine. ■

Aus: Arnulf Zitelmann, Keiner dreht mich um. Lebensgeschichte des Martin Luther King. Weinheim: Beltz & Gelberg ^{4}1989, S. 89–95

Kampf gegen die „Vier Alten"

Jack Cheng/Heinrich Pleticha

Am 1. Oktober 1949 wurde in Peking (neue Schreibweise: Beijing) die Volksrepublik China ausgerufen. An der Spitze des bevölkerungsreichsten Staates der Erde stand Mao Tse-tung (neue Schreibweise: Mao Zedong, 1893–1976). Er stammte aus einer Bauernfamilie und wollte ursprünglich Lehrer werden. In den 1920er Jahren hatte er sich den Kommunisten angeschlossen. Während des „Langen Marsches", zu dem die Kommunisten von ihren Gegnern gezwungen worden waren (und den nur 4 000 von über 10 000 überlebten), entwickelte Mao sein Ideal eines kommunistischen Staates. Für die Kommunisten war die Machtübernahme 1949 sowohl ein Akt der Befreiung von ausländischen Einflüssen als auch eine Revolution. Mit Hilfe von zahlreichen Massenkampagnen wurde der Aufbau eines neuen Staats- und Verwaltungsapparates in die Wege geleitet; er ging einher mit der gewaltsamen Entmachtung der alten Eliten. Gleichzeitig wurde – ebenfalls mit Gewalt – eine Bodenreform begonnen und der Aufbau landwirtschaftlicher Produktionsgenossenschaften eingeleitet. Mao wollte darüber hinaus China rasch industrialisieren. 1956 verkündete Mao den „Großen Sprung nach vorn". Sowohl in der Landwirtschaft als auch in der Industrie wurde von nun an in Volkskommunen über Produktion und Verteilung der erzeugten Waren entschieden. Die arbeitsfähige Bevölkerung faßte man in „Produktionsarmeen" zusammen. Familien wurden aufgelöst, Männer und Frauen in Großkantinen verpflegt, Kinder und Alte in Heimen versorgt. Doch der „Große Sprung", mit dessen Hilfe Mao sowohl die Wirtschaft rasch entwickeln als auch den Kommunismus verwirklichen wollte, scheiterte. Er führte zur größten von Menschen selbst verursachten Hungersnot aller Zeiten, der 20 bis 30 Millionen Menschen zum Opfer fielen.
Mit der gescheiterten Volkskommunenbewegung verlor Mao vorübergehend an Prestige. Von 1961 bis 1965 bestimmten gemäßigtere Kreise in der Partei die Entwicklung. Viele Volkskommunen wurden aufgelöst, und die Wirtschaft konnte sich dank materieller Anreize für Eigeninitiativen binnen kurzer Zeit etwas erholen. Für Mao und seine Anhänger war aber diese Entwicklung eine nicht zu akzeptierende Rückkehr zum Kapitalismus. Gegen sie leitete Mao, der inzwischen wieder an Macht gewonnen hatte, Ende 1965 die „Große Proletarische Kulturrevolution" ein. Mit Unterstützung der Armee sowie mit Hilfe von rund zehn Millionen Schülern und Studenten, die in sogenannten „Roten Garden" zusammengefaßt wurden, begann ein Angriff gegen die „Vier Alten": gegen alte Ideen, alte Kultur, alte Bräuche und alte Gewohnheiten. Kein Bereich des öffentlichen und privaten Lebens blieb ver-

schont. Hunderttausende kamen dabei ums Leben, und zahlreiche unersetzbare Zeugnisse der altchinesischen Kultur gingen damals unwiederbringlich verloren. Im April 1969 wurde die Kulturrevolution, die zu einer erneuten internationalen Isolierung und großen wirtschaftlichen Einbußen führte, offiziell beendet. Auf dem Land dauerte sie aber noch bis 1976 an. Heinrich Pleticha hat in seinem Band „Zeitgeschichte aus erster Hand" einen Augenzeugenbericht des chinesischen Journalisten Jack Cheng aufgezeichnet und gibt damit einen aufschlußreichen Einblick in die Anfänge der Kulturrevolution.

Peking erlebte einen noch nie dagewesenen Ausbruch jugendlichen revolutionären Überschwanges. Rote Garden streiften durch die Stadt, um die „Vier Alten" auszurotten. Junge Männer in Röhrenhosen, einer von chinesischen Studenten aus dem Ausland mitgebrachten Mode, wurden angehalten und mußten zusehen, wie ihre Anstoß erregenden Hosen in den Nähten aufgerissen wurden. Mädchen mit langen Zöpfen wurden aufgefordert, sie sich abzuschneiden und eine anständige Bubikopffrisur zu tragen. Teng To, dieser Reaktionär, hatte einst ein Loblied auf Zöpfe geschrieben – und das genügte, um sie zu verdammen. Friseure wurden angewiesen, ihre Kunden nicht mehr mit „Elvis-Presley-Haarschnitten"[1]) und anderen „seltsamen" Frisuren zu bedienen. Restaurants erhielten die Aufforderung, ihre Speisekarten zu vereinfachen. Unterdessen strömten Hunderttausende von Roten Garden nach Peking, um dort mit ihren Genossen revolutionäre Erfahrungen auszutauschen, und sie wollten Nudeln und *Wun Tun* statt teurer Peking-Ente. Geschäfte wurden besetzt und daran gehindert, frivole Artikel wie Kosmetika zu verkaufen. Eine Gruppe von Studenten stand in dem Pelzgeschäft an der Wang Fu Ching – der Pekinger Hauptgeschäftsstraße – und forderte potentielle Kunden auf, sich nur Pelzmäntel zu kaufen, wenn sie sie wirklich zur Arbeit in der Kälte brauchten. Der Umsatz ging schlagartig zurück.
Auf der Wang Fu Ching waren die „Vier Alten" noch überall anzutreffen. Mit der Boutique „Blauer Himmel", in der alle modebewußten jungen Frauen der Hauptstadt einkauften, wurde kurzer Prozeß gemacht. Leitern wurden herangeschafft, und ihre Lichtreklame zerschellte auf dem Gehsteig. Einige Stunden lang verkündete das Klirren von Glas die Zertrümmerung feudalistischer und kapitalistischer Leuchtreklamen unter dem Beifall von Abteilungen der Roten Garden. Schließlich erregte sogar der Straßenname Anstoß. „Fürstlicher Hausbrunnen" war ein uralter Name. Rote Garden kletterten zu den Straßenschildern hinauf und brachten einen neuen Namen an: „Anti-Revisionismusstraße".[2]) Der Boulevard zum Himmlischen Frieden, die große Ost-West-Verkehrsader

1) Der amerikanische Rocksänger und Gitarrist Elvis Presley (1935–1977) war damals das Idol der Teenagergeneration.
2) Der Begriff „Anti-Revisionismus" weist darauf hin, daß die Roten Garden sich gegen die eingeleiteten (kapitalistischen) Änderungen (Revisionen) stellten.

wurde auf der Stelle in „Der-Osten-ist-rot-Boulevard" umbenannt. Ganze Massen von Jugendlichen marschierten die Straße entlang, in der die sowjetische Botschaft steht, und änderten ihren Namen jubelnd in „Anti-Revisionistenstraße" um.

[...]

Die Häuser von Kapitalisten und ehemaligen Großgrundbesitzern wurden durchsucht. Um diese Durchsuchungen zu rechtfertigen, stellten die Roten Garden später Gegenstände aus, die sie gefunden und beschlagnahmt hatten: Seiden- und Brokatballen, die Bestandteil von Tributzahlungen an den Kaiser gewesen waren; Gold- und Silberbarren, die längst der zuständigen Regierungsbehörde hätten abgeliefert werden müssen; Mah-Jongg-Spiele und Spielkarten; Ballkleider, Fräcke und Zylinder; Jazzplatten; *Bo-tai* (Krawatten) aller Farben und Muster, die in einem Land, das diese Attribute der Bourgeoisie abgelegt hatte, geradezu exotisch wirkten; Pelzmäntel, die auf die New Yorker Fifth Avenue gepaßt hätten, aber die in Peking niemand auf der Straße zu tragen gewagt hätte. Freudenfeuer wurden entzündet, um solchen reaktionären Plunder zu verbrennen, während Becken und Trommeln jubelnd dazu lärmten.

Welche Frivolität! Aber die Ausstellung zeigte weitere ominöse Funde: Kuomintangfahnen und -ehrengaben[1]) sowie Besitzurkunden, die ehemalige Grundbesitzer offenbar mit der Absicht aufbewahrt hatten, damit einen Besitzanspruch zu begründen, falls eine Konterrevolution, die Rückkehr der Kuomintang oder eine ausländische Invasion ihnen jemals dazu Gelegenheit böten; eine Sammlung aller möglichen Waffen von Messern und Dolchen bis zu rostigen japanischen Schwertern, Gewehren aller Art, leichten Maschinengewehren und einer ausgehöhlten Bibel, in der eine Faustfeuerwaffe versteckt war.

Mein Büronachbar, der untersetzte, legere Kan, das Musterbeispiel für einen gewissenhaften, fleißigen Kollegen, kam eines Morgens mit einer Mütze auf dem Kopf[2]) ins Büro. Er war noch immer etwas benommen, als er uns schilderte, wie sein Haus in der vergangenen Nacht gestürmt und geplündert worden war. Eine Abteilung der Roten Garden hatten ihm eine „Verfügung" übergeben, durch die er als Sohn eines Grundbesitzers aus Peking ausgewiesen wurde. Sein Kopf war grob kahlrasiert worden. Wir besorgten uns eine Friseurschere, brachten seine Frisur einiger-

1) Kuomintangfahne: Hinweis auf die von Chiang Kai-shek (neue Schreibweise: Jiang Jieshi, 1887–1975) geführte Kuomintang (wörtlich: Staats-Volks-Partei oder besser: Nationale Volkspartei), die 1934 die Kommunisten zum „Langen Marsch" gezwungen hatte. Die Anhänger der Nationalen Volkspartei unter Jiang Jieshi waren 1949 nach Formosa (Taiwan) geflohen und hatten die Insel zum Ausgangspunkt der „Republik China" erklärt.

2) Diese hohen Papierhüte galten als ein Zeichen der Schande.

maßen in Ordnung und forderten ihn auf, die „Verfügung" zu ignorieren. Eines unserer führenden Parteimitglieder kam mit ähnlichen Erlebnissen ins Büro. Sein Vater war vor der Befreiung ein Kapitalist gewesen. Sein Haus war durchsucht und ausgeplündert worden. Er hatte ein schriftliches Verzeichnis der beschlagnahmten Gegenstände verlangt, und als der ältere Mann, der die Durchsuchung geleitet hatte, ihn aufforderte, das Verzeichnis zu unterschreiben, hatte er festgestellt, daß alle seine Füllfederhalter verschwunden waren. „Machen Sie sich deswegen keine Sorgen", hatte der Mann gesagt und ein halbes Dutzend Füller aus der Tasche gezogen. „Nehmen Sie einen von diesen. Als Journalist brauchen Sie Schreibzeug." Auf die Frage, wodurch dieser Überfall gerechtfertigt sei, hatte ein Jugendlicher erklärt: „Natürlich ist er ein Kapitalist. Er hat ein Sofa mit zwei dazupassenden Sesseln!"

Die Klagen häuften sich. Aber am 23. August 1966 antwortete die *Volkszeitung* in einem Leitartikel mit „Recht so!" und unterstützte die Roten Garden in ihrem Kampf gegen die „Vier Alten". Die Partei stellte sich ausdrücklich hinter die „revolutionären Taten" der Roten Garden, fügte jedoch warnend hinzu, dies sei kein Freibrief für ungesetzliche, nichtrevolutionäre Aktivitäten.

Die Situation wurde immer undurchsichtiger. Hier waren Kräfte freigesetzt worden, die jetzt ständig schwieriger zu beherrschen waren. Manchmal legten ganze Banden jugendlicher Ganoven rote Armbinden an und nahmen das Gesetz selbst in die Hände. Wie wir später erfuhren, kam in unserem Büro eines Abends ein aufgeregter junger Mann hereingestürzt und erklärte fünf Kumpanen: „Ich hab' einen Kapitalisten gefunden!" Sie „organisierten" sich ein Auto und stürmten das Haus des Pechvogels, der vor Angst nicht zu protestieren wagte. Was sie bei dieser Gelegenheit stahlen, wurde erst Monate später wieder beigebracht. [...]

Wir steckten jetzt bereits tief in der Revolution. Es gab keine Organisation, die nicht von ihr erfaßt worden wäre, und alle Arbeitsbereiche wurden mit in die große Debatte einbezogen. Nicht nur waren Presse und Rundfunk voller Diskussionen über alle Aspekte gesellschaftlicher Tätigkeit (Kultur, Bildung, Wissenschaft, Theater, Film), sondern auch jede Schule, Hochschule oder Forschungsinstitut, Theater oder Filmatelier, Krankenhaus, Büro, Fabrik oder Volkskommune führte eine Grundsatzdebatte über ihre Arbeit, ihre Führungsschicht, ihre Kader und ihre Ziele. Wandzeitungen mit großen Schriftzeichen waren das eigentliche Medium dieser Debatte. Sie hingen überall; sämtliche Wände waren mit ihnen vollgeklebt. Unsere Kantine war unbenutzbar, weil sie jetzt voller Wandzeitungen hing. Ging man den Hauptkorridor unseres Büros entlang, bewegte man sich durch ein Meer von Wandzeitungen. In Abständen von etwa einem halben Meter waren Drähte von Wand zu Wand gespannt, an denen die drei bis dreieinhalb Meter langen Wandzeitungen hingen. Ständig wurden raffiniertere Methoden entwickelt um sie auffälliger zu machen: farbiges Papier, farbige Tuschen, kunstvolle Kalligraphie[1]), Cartoons und so weiter.

Oben stand im allgemeinen die Überschrift *Oberste Weisungen*; darunter folgte ein geeignetes Zitat aus dem handlichen kleinen „Roten Buch", das *Worte des Vorsitzenden Mao Tse-tung* enthielt und ursprünglich von Lin Piao für den politischen Unterricht in der VBA zusammengestellt worden war, oder aus den *Ausgewählten Werken Mao Tse-tungs*[2]). Manchmal verwendete man eine von Maos Weisungen, die seit Juni als Richtlinie für die Bewegung in jeder Ausgabe der *Volkszeitung* in einem Kasten in der rechten oberen Ecke der ersten Seiten veröffentlicht wurden. Danach kam die Zeile mit der Pointe. In einer meiner Wandzeitungen fragte ich den namentlich genannten Leiter der Arbeitsgruppe in unserem Büro: „Was führen Sie im Schilde?"

Dann folgte der eigentliche Text, der oft in numerierte Absätze untergliedert war. Er konnte auf einem einzigen plakatgroßen Bogen stehen oder zwei, drei oder mehrere Bogen umfassen. Ich habe Wandzeitungen gesehen, die aus Hunderten von Bogen bestanden. Die jeweiligen Organisationen mußten Papier und Tusche für Wandzeitungen kostenlos zur Verfügung stellen, aber als das Papier ausging, benützten wir alte Zeitungen.

Im Zusammenhang mit den Wandzeitungen entwickelte sich ein eigener literarischer Stil. Die besten waren kurze, zwingend argumentierende Essays, die einen Punkt unwiderlegbar erläuterten. Klarheit und Ausdruckskraft waren entscheidend. Manche wirkten wie Bomben, die detonierten und eine Situation bereinigten. Manche glichen Panzerabwehrraketen, die jede Panzerung und das dickste Fell durchschlugen. Manche waren kunstvolle Nebelwände. ■

Aus: Heinrich Pleticha (Hrsg.), Zeitgeschichte aus erster Hand. Würzburg: Arena 1988, S. 254–260

1) Kalligraphie: Schönschrift.
2) Lin Piao (neue Schreibweise: Lin Biao, 1907–1971) war ein Kampfgenosse Maos. Als Verteidigungsminister (seit 1959) versuchte Lin die Kampfkraft der Volksbefreiungsarmee (VBA) durch revolutionäre Schulung zu stärken, und zu diesem Zweck ließ er wesentliche Aussagen Maos zur Revolution, zum Staat und zur Partei im „Roten Buch" zusammenfassen. Diese sogenannte „Mao-Bibel" erschien daraufhin in vielen Millionen Exemplaren. Sie wurde auch in zahlreiche Sprachen übersetzt; allein die westdeutsche Taschenbuchausgabe erreichte bis 1968 eine Auflage von 75 000 Exemplaren.

Ein gewaltiger Sprung für die Menschheit?

Otto Zierer

*Das Hauptmerkmal des „Kalten Krieges", der nach 1945 zwischen den Vereinigten Staaten und der Sowjetunion ausbrach und zu einer Teilung der Welt in ein freiheitlich-demokratisches und ein unfrei-kommunistisches „Lager" geführt hatte, war der Rüstungswettlauf. Nach 1945 setzte die Sowjetunion alles daran, die einseitige atomare Überlegenheit der USA auszugleichen. Bereits 1949 verfügte auch sie über eine Atombombe. Und nachdem die Amerikaner 1952 die erste Wasserstoffbombe entwickelt hatten, schafften es die Sowjets binnen Jahresfrist ebenfalls diese Waffe herzustellen. Das „atomare Patt" war hergestellt. Als die Sowjetunion 1957 mit dem erfolgreichen Start ihres Satelliten „Sputnik" (zu deutsch: Wegbegleiter) in den Weltraum ihre wissenschaftliche und militärische Ebenbürtigkeit mit den USA öffentlich zu erkennen gab, war die westliche Welt schockiert. Die beiden Supermächte begannen ein Wettrennen um die Beherrschung des Weltraums. Zunächst schien die Sowjetunion ihren Vorsprung ausbauen zu können. 1961 gelang ihr der erste bemannte Raumflug. Erst acht Jahre später konnten die Amerikaner mit einem spektakulären Erfolg erneut ihre wissenschaftliche Führungsrolle demonstrieren: Am 21. Juli 1969 betrat der amerikanische Astronaut Neil Armstrong (*1930) als erster Mensch den Mond.*
Der folgende Text aus dem Band „4 000 Jahre erzählte Geschichte" von Otto Zierer beschreibt zum einen die Mondlandung und die damit verbundene Erfüllung eines Menschheitstraumes, zum anderen weist er aber auch in einer Art Momentaufnahme auf die gleichzeitig zur Mondlandung bestehenden ungelösten Probleme und Konflikte auf der Erde hin.

Montag, 21. Juli 1969, *München,* MEZ 3.52 Uhr
Die Nacht war lang, Eltern und Geschwister schliefen. Nur der fünfzehnjährige Martin war bis jetzt wach geblieben. Denn dies sollte die historische Stunde sein, in der zum erstenmal ein Mensch die Mondoberfläche betreten würde. Die Mondfähre war bereits gestern abend 21.17 Uhr gelandet, nun wartete die Welt darauf, daß die Astronauten den Fuß auf ein fremdes Gestirn setzen würden.
Ein Wunder moderner Technik kam zum andern: Über Telstar – einen im Raum schwebenden Nachrichtensatelliten – konnte man alles am Fernsehschirm miterleben, noch dazu in Farbe. Aber es zog sich etwas hin. Der Nachrichtensprecher überbrückte die Zeit, indem er über den Unterschied in den verschiedenen Zeitzonen der Erdkugel sprach.
Ortszeit verändert sich um 4 Minuten je 1 Längengrad. Östliche Orte haben daher frühere Zeit, westliche spätere. Wenn die Uhren „mitteleuropäischer Zeit" (MEZ) 3.53 Uhr zeigen, stehen sie in Houston (Texas) auf 20.53 Uhr, und man schreibt noch den 20. Juli.
Weil diese Erklärungen für Martin zu langweilig waren, ging er in die Küche, öffnete den Kühlschrank und suchte sich Wurst, Coca-Cola, Butter und eine Dose Ananaskompott heraus. Es war ja alles da, man lebte in Wohlstand und Frieden ...

Houston (Texas), MEZ 3.56 oder 20.56 Uhr Ortszeit
Jetzt, jetzt kam der große Moment! Die Bildschirme in der Leitzentrale der NASA[1]) begannen zu flimmern, farbig erschienen die Bilder der Mondfähre. Neil Armstrong betritt als erster Mensch, mit dem linken Fuß zuerst, die Mondoberfläche. Er beschreibt mit deutlicher Stimme seine ersten Eindrücke: „Der Boden ist fein und sieht wie Pulver aus. Ich kann den Staub mit meinen Fußspitzen aufwirbeln, und ich sinke nur ein paar Millimeter ein." Dann fügt er einen Satz hinzu, der für die Geschichtsbücher bestimmt ist: „Für einen Menschen ist dies nur ein kleiner Schritt, aber für die Menschheit ein gewaltiger Sprung."
Im *Dschungelland* nahe dem Mekongstrom in Vietnam, MEZ 3.57, Ortszeit 11.57 Uhr
Ein armseliges Palmenhüttendorf duckte sich unter Banyanbäumen. Nackte braune Kinder spielten an der Tränke der Wasserbüffel, die Frauen stampften den Maniok[2]) in den Kalebassen[3]). In den Urwäldern und Schluchten ringsum waren die Erdhöhlen und Rattengänge der Vietcong.[4]) Man konnte sie nicht fassen. Nach jeder Aktion verschluckte sie der Dschungel.
Über den grünen Hügelwellen tauchten zwei amerikanische Jagdbomber auf. Ihr Heulen zog wie Weltuntergang heran. Die Kinder an der Tränke, die Frauen vor den Bambushütten schreckten auf und starrten zum Himmel. Da lösten sich kleine Punkte von den Maschinen: Bomben torkelten herab ... Eine Feuerwand stieg grollend aus den Wäldern, sprang mit ungeheurer Geschwindigkeit vorwärts, verschlang das Dorf. Napalm[5]) zog seine Rauchschwaden und grelles Feuer quer durch den Dschungel. Als die beiden Maschinen abdrehten, gab es dort unten nur noch qualmende Hütten und verkohlte Leiber ...
Es war nur ein kleiner, aber „notwendiger" Schlag gegen den Vietcong ...
Israel, ein Feldflughafen bei Nazareth, MEZ 3.58, Ortszeit 4.58 Uhr
Die Syrer hatten gestern wieder von den Golanhöhen herab auf einen

1) NASA: Abkürzung für National Aeronautics and Space Administration; 1958 gegründete zivile nationale Luft- und Raumfahrtbehörde der Vereinigten Staaten. Die NASA unterhält verschiedene Raumflugstartplätze und Forschungsinstitute, das Space-Center in Houston (Texas) ist für die Planung, Entwicklung und Erprobung bemannter Raumfahrzeuge und das Astronautentraining zuständig.
2) Maniok: tropisches Gewächs, aus dem u. a. Mehl für Brei oder Fladenbrot gewonnen wird.
3) Kalebassen: aus den Früchten des Kalebassenbaumes hergestellte Schalen.
4) Vietcong: von den Amerikanern eingeführte Bezeichnung für die kommunistische Untergrundbewegung Vietnams. Siehe hier auch die Einleitung zum Text „Das Mädchen aus Vietnam", Seite 51 f.
5) Napalm ist die Abkürzung von Natriumpalmitat. Die Amerikaner setzten mit Napalm gefüllte Bomben erstmals im Zweiten Weltkrieg und dann in großem Umfang im Vietnamkrieg ein. Diese Brandbomben bewirken extrem hohe Temperaturen (über 1 000 Grad Celsius), bei denen alles verbrennt, was nicht aus Stein oder Eisen ist. Siehe hier auch den Text „Das Mädchen aus Vietnam".

Kibbuz[1]) gefeuert, ein Schulbus mit israelischen Kindern war auf eine von „Fedajin"[2]) gelegte Mine gefahren. Zeit für einen Vergeltungsschlag! „Alarm! Alarm!" brüllte es aus dem Lautsprecher, und eine Stimme nannte die Nummer der Mirage-Jagdmaschine, die starten sollte. Sie war mit Raketen bestückt, die Bordgeschütze waren aufgeladen.

Moische Kahn, ein junger „Sabre" – wie man die im Lande geborenen Israelis nennt –, stürzte hinaus aufs Rollfeld, kletterte in den Pilotensitz seiner Düsenmaschine und drückte den Startknopf. Die Triebwerke heulten auf, die Startklappen bewegten sich, und „Mirage VII.43" begann auf die Pisten hinauszurasen. Die Maschine hob glatt ab und schwebte auf den sich rötlich färbenden Silberstreif des neuen Morgens zu. Major Levin rieb sich die Hände und sagte: „Gut so! Moische wird es den Burschen schon zeigen!"

Chicago (USA), MEZ 3.59, Ortszeit 21.59 Uhr

Aus dem Spielsalon von Moony kam eine lärmende Horde junger Schwarzer. Sie hatten an einer Versammlung der „Black Panthers"[3]) teilgenommen. Als sie an den Schaufenstern eines Elektrogeschäfts vorüberzogen, sagte Billy, daß dieser Laden und die nächsten entlang der Straße „verdammten Whities" gehörten und daß sein Freund Jimmy in einem von ihnen vergeblich um Arbeit nachgesucht habe.

Da war eine Stelle, wo die Telephonarbeiter am Tage vorher gegraben hatten. Steine und ein paar Absperrplatten lagen griffbereit. Die „Black Panthers" wurden sich plötzlich der Tatsache bewußt, daß sie Lederjakken mit aufgemalten Totenköpfen trugen und verpflichtet waren, gegen die Benachteiligung der Schwarzen zu protestieren.

Schon klirrten die Schaufenster. Transistoren und tragbare Fernsehgeräte wurden herausgerissen. In einer Ecke stand ein Kanister mit Putzöl. Jackie zündete damit ein paar Lappen im Laden an, und gleich prasselten die Flammen. Als irgendwo die Polizeisirene zu heulen begann, rannten sie alle davon.

Onugu (Biafra), MEZ 4.00, Ortszeit 3.00 Uhr

Die Urwälder ringsum hatten viele Stimmen. Das Gekecker der Affen mischte sich in das Geheul der Schakale. Auf den mondbeschienenen Bäumen saßen wie düstere Wächter Schwärme von Geiern.

In den Lazarettbaracken brannten die Kerosinlampen. Erschöpft und zu-

1) Kibbuz: planmäßig angelegte ländliche Siedlung in Israel. Der Boden eines Kibbuz ist Gemeineigentum, und die Mitglieder der Siedlung arbeiten entsprechend ihren Fähigkeiten.

2) Fedajin: arabisch „die sich Opfernden"; Name der im Untergrund gegen Israel kämpfenden palästinensischen Araber.

3) Black Panther: Hinweis auf die „Black Panther Party for Self-Defense" (Partei der schwarzen Panther für Selbstverteidigung), die im Zusammenhang mit der Bürgerrechtsbewegung (siehe hier die Einführung zum Text „Keiner dreht mich um", Seite 34) 1966 in Kalifornien gegründet wurde. Diese Organisation von Schwarzen war bereit, ihre Forderungen auch mit Gewalt durchzusetzen.

sammengesunken hockten die schwarzen Krieger an den Wänden. Die wenigen europäischen Ärzte und Krankenschwestern operierten, machten Bluttransfusionen, gingen von einer Matte zur anderen. Überall lagen die Angeschossenen, die von Phosphorbomben Verbrannten.

Die letzte Blutkonserve wurde geöffnet. „Haben Sie wenigstens noch Traubenzucker, Schwester?“ fragte der deutsche Arzt. „Machen Sie Infusionen! Vielleicht können wir einige dieser Kinder retten!“ Es war ein herzzerbrechender Anblick: diese Babys und Kleinkinder mit den riesigen, schwarzen Augen, den aufgetriebenen Hungerbäuchen und den fadendünnen Gliedmaßen. Sie starben Hungers. Einige schwarze Wärter schleppten die Toten hinaus. Gestern haben die Nigerianer mit neuen englischen Flugmaschinen angegriffen. Der Krieg ging zu Ende, die Ibos starben.[1]) Aber die UNO[2]) hatte erklärt, das sei eine „innere Angelegenheit“ des Staates Nigeria.

Ceylon (Colombo), MEZ 4.01, Ortszeit 12.01 Uhr

Die vornehme Reisegesellschaft hatte auf der Terrasse des „Mount-Lavinia“-Hotels Platz genommen. Schlanke Kokospalmen bogen sich über der blauen Lagune. Die Brandung des Indischen Ozeans wogte schäumend heran. Auslegerboote der Eingeborenen ritten auf den Wellen.

Die singhalesischen Boys in ihren schneeweißen Uniformen servierten die „Reistafel“ mit ihren Köstlichkeiten. Sorbet – Fruchtsaft – wurde dazu gereicht.

„Also ich muß schon sagen“, erklärte die Frau des Admirals a. D., „die Taubenblut-Rubine, die ich gestern gekauft habe, sind zwar billig, aber leider nicht lupenrein!“ „Boy“, mäkelte der dicke Automobilvertreter, „tragen Sie die Languste zurück und sagen Sie dem Chefkoch, ich hätte in Djakarta schon bedeutend bessere gegessen!“ „Gibt es hier keinen richtigen Hummer?“ fragte seine Frau. „Außerdem möchte ich Chablis-Wein – nicht solches Fruchtzeug!“ „Nein!“ rief die Lady mit tragischer Miene. „Die Welt wird immer schlechter! Das Personal spurt nicht mehr, niemand will mehr arbeiten. Das war während der Kolonialzeit doch anders ...“

Damaskus (Syrien), MEZ 4.02, Ortszeit 5.02 Uhr

Das Radar auf den Hermonbergen hatte eine rasch heranfliegende Feindmaschine erfaßt. Im Kontrollturm des Feldflughafens schrillte die Alarm-

1) 1967 hatte der vor allem vom Stamm der Ibo bewohnte östliche Teil des afrikanischen Staates Nigeria unter dem Namen Biafra seine Unabhängigkeit erklärt. Nigeria weigerte sich, dies anzuerkennen. Die Folge war ein blutiger Bürgerkrieg, der bis 1970 dauerte. Die biafranischen Streitkräfte unterlagen den nigerianischen Truppen, und Biafra wurde wieder Teil Nigerias.

2) UNO: Abkürzung für „United Nations Organization“. Hauptziel der 1945 gegründeten Weltorganisation ist die Erhaltung des Weltfriedens sowie die wirtschaftliche und kulturelle Zusammenarbeit der Mitgliedstaaten; Sitz: New York.

glocke. Jussuf Hamid war an der Reihe. Er stülpte sich schnell den Fliegerhelm auf, rannte aufs Rollfeld, wo die vollgetankte und magazinierte MiG-Düsenmaschine bereitstand. „Wieder so ein verdammter Israeli im Anflug!“ schrie er dem Bodenpersonal zu und kletterte in das Cockpit. „Aber wir werden's den Burschen schon zeigen!“ Die MiG brüllte wie ein Sandsturm auf und wirbelte auch ebensoviel Staub empor. Dann begann sie zu rollen, hob am Rande des Feldes ab und zog steil zum Himmel hinauf.

Im Osten zeigte sich eben der erste Schein eines neuen Tages.

Tokio (Japan), MEZ 4.04, Ortszeit 14.04 Uhr

Über den großen Platz zwischen dem Grandhotel „Mikado“ und den Mauern und Gräben des Kaiserpalastes schwoll die Demonstration herauf. Die Polizei mit Schutzhelmen, Plexiglasvisieren und Bambusschilden, die langen Stöcke fest in den Fäusten, stand in dreifacher Reihe bereit. Quer über den riesigen Platz wogte die Masse der Studenten. Sie hatten sich untergehakt und kamen im tänzelnden Laufschritt heran. Über ihren Köpfen schwankten Transparente und Plakate.

„Schluß mit dem Vietnamkrieg!“[1]) stand da zu lesen, und: „Nieder mit den Imperialisten!“

Der Besuch eines US-amerikanischen Diplomaten war für heute angesagt; aber die jungen Japaner wünschten keine Amerikaner zu sehen. Deshalb protestierten sie und schrien sich die Kehlen heiser. Kurz vor der Kette der Polizisten begannen sie aus den hinteren Reihen Steine zu werfen. Die Polizisten deckten sich mit den Schilden. Dann stürzten sich die wildesten Fanatiker auf die Uniformierten. Bambusstöcke schlugen aufeinander. Menschen schrien. Ein allgemeines Gewühl entstand.

Johannesburg (Südafrikanische Union), MEZ 4.15, Ortszeit 4.35 Uhr

Es war noch sehr kühl und dämmerig im Cecil-Rhodes-Park. Der weiße Polizist Jan Smaartje machte seinen Streifengang. Da entdeckte er ein schweres Vergehen gegen die „Apartheidgesetze“. Hinter den Jasmingebüschen der Anlage saß ein Liebespaar auf der Bank, das gleich zwei Verordnungen mißachtete: Erstens saß der große, gutgekleidete Neger auf einer Anlagenbank, die ausdrücklich das Schild trug „For Whities only“ (Nur für Weiße), und was noch viel schlimmer war und mit Gefängnis bestraft wurde – er hielt ein weißes Mädchen in seinen Armen. Jan Smaartje tat seine Pflicht und nahm die beiden „Verbrecher“ fest.

Peking (China), MEZ 4.16, Ortszeit 13.16 Uhr

Der ungeheure Aufmarschplatz vor den An-Men-Tien, der vor den Rie-

1) Der Einsatz der Amerikaner im Vietnam-Krieg (siehe dazu die Einleitung zu „Das Mädchen aus Vietnam“, Seite 51 f.) führte um 1968 in den demokratischen Staaten der Welt zu zahlreichen Demonstrationen, an denen sich vor allem Studenten beteiligten.

sengebäuden der Volkskammer und des Nationalmuseums flankiert ist, erzitterte vor dem Aufmarsch der Massen. Sie zogen in Hunderterreihen und wogenden Menschenblöcken vor den roten Tribünen der Palastmauern neben dem „Tor des ewigen Friedens" vorüber. Panzergeschwader, Raketen auf Zugmaschinen, Langrohrgeschütze und Infanteriemassen folgten.

Wie ein Meer wallte und wogte dieses Volk der „blauen Ameisen" unter riesigen Spruchbändern und wehenden roten Bannern. Zehntausend Stimmen riefen: „Nieder mit dem Papiertiger Amerika!"

Aber die meisten Bänder und Sprechchöre befaßten sich mit einem anderen Gegner. Sie wandten sich gegen die Sowjetrussen, die am Ussurifluß auf chinesische Grenzposten geschossen hatten.

„Zerreißt die ungleichen Verträge!" kreischten die Betriebsgruppen, und: „Schlagt die Sowjetrevisionisten!" Hoch auf der Tribüne stand winkend und unergründlich lächelnd der große Alte: Mao Tse-tung ...[1])

Über den *Golanhöhen* zwischen Israel und Syrien, MEZ 4.30, Ortszeit 5.30 Uhr

Sie rasten mit Schallgeschwindigkeit aufeinander zu und sahen sich nur, weil die Radarschirme das Näherkommen eines feurigen Punktes anzeigten. Von Westen her schoß die Mirage durch die Dunstschleier, von Nordosten herab kam die MiG. Jussuf Hamid faßte den Steuerknüppel fester. Da war also ein Israeli mit ihm etwa auf gleicher Höhe, und er kam auf ihn zu. Jussuf hielt den Daumen auf dem Feuerknopf.

Doch was war das?! Von der feindlichen Maschine löste sich eine Rauchfahne, ein weißer Strich und raste über das glasklare Himmelsgewölbe. „Eine Rakete!" schrie Jussuf Hamid und begann instinktiv zu kurven. „Ich hab' ihn! Ich hab' ihn!" brüllte Moische Kahn, und der Angstschweiß lief ihm unter dem Helm herab. „Er kann nicht mehr entkommen!"

Die Rakete folgte allen Kurven, denn sie besaß einen Infrarot-Wärmesuchkopf. Die MiG suchte vergeblich zu entrinnen.

Da! Ein Feuerball! Ein Explosionsknall, der im Düsengedonner nicht zu hören war. Dann eine dunkle Rauchfahne, die abwärts zur Erde zog.

Houston in Texas (USA), MEZ 4.32, Ortszeit 21.32 Uhr

Es war soweit. Ein Raunen ging durch den großen Fernsehsaal der

1) Mao Tse-tung: siehe Einführung zum Text „Kampf gegen die ‚Vier Alten'", Seite 40f. Bis etwa 1960 bestanden zwischen der Volksrepublik China und der Sowjetunion freundschaftliche Beziehungen. Die Ablehnung der sowjetischen Führung, den Chinesen bei der Herstellung einer eigenen Atombombe zu helfen, sowie die Weigerung, China Gebiete zurückzugeben, die es im 19. Jh. an Rußland hatte abtreten müssen, ließen eine Feindschaft zwischen den beiden kommunistischen Staaten entstehen. Verstärkt wurden die Konflikte noch durch die Behauptung der chinesischen Führung, ihre kommunistische Entwicklung sei der sowjetischen überlegen. 1969 brachten Grenzstreitigkeiten beide Staaten sogar an den Rand eines Krieges.

NASA. Auf den Bildschirmen erscheint das Bild, wie Armstrong und Aldrin die US-amerikanische Flagge auf dem Mond hissen.
Eine Aluminiumstrebe muß das Tuch straffen, da das Sternenbanner sonst – wegen der fehlenden Atmosphäre – schlaff herabhängen würde. Die Plakette kommt ins Bild, die am Fuß der Fahne aufgestellt wird. Ein Sprecher verliest den Text:
„Hier setzten Menschen vom Planeten Erde erstmals ihren Fuß auf den Mond. Juli 1969. Wir kamen in friedlicher Absicht im Namen der ganzen Menschheit!"
Montag, 21. Juli 1969, *München,* MEZ 4.33 Uhr
„Ah" und „Uah!" machte Martin und räkelte sich im Fernsehstuhl. „Nun ist es geschafft! War eigentlich gar nicht so toll. Fast reut es mich, daß ich so lange aufgeblieben bin, denn nun bin ich müde ..."
Und er denkt grimmig daran, daß er in ein paar Stunden schon wieder zur Schule muß – übernächtigt, wie er ist.
Ein Junge mit fünfzehn hat es nicht leicht. Und das Leben ist ganz schön langweilig, wenn nicht gerade ein Krimi oder Western im Fernsehen gegeben wird. Im Winter kann man wenigstens zum Skifahren in die Berge und im Sommer mit den Eltern ans Meer nach Italien. Martin geht es zwar nicht schlecht – aber es könnte besser sein! Und dabei hat er soeben – ohne es auch nur zu ahnen – dreißig Minuten durchlebt, die in allen Erdteilen etwas anderes bedeutet haben.
Jeder von uns lebt in der einen und einzigen Welt. ■

Aus: Otto Zierer, 5 000 Jahre erzählte Geschichte. Würzburg: Arena 1987, S. 437–443

Das Mädchen aus Vietnam

PETER KREBS/HEINRICH PLETICHA

Vietnam war lange Zeit französische Kolonie und während des Zweiten Weltkrieges von Japan besetzt worden. Nach der Kapitulation Japans rief Ho Chi Minh (1890–1969), der kommunistische Führer der „Front für den Kampf um die Unabhängigkeit" (Viet Minh), 1945 die Demokratische Republik Vietnam aus. Als 1946 die Franzosen das zwischen Anhängern und Gegnern der Kommunisten zerstrittene Land wieder zur Kolonie machen wollten, brach der erste Indochina-Krieg aus. Die französischen Truppen unterlagen in dem Dschungelkrieg, und Vietnam wurde von den Großmächten auf der Genfer Indochina-Konferenz (1954) entlang des 17. Breitengrades geteilt. Es entstanden so ein von der Sowjetunion und der Volksrepublik China unterstütztes Nordvietnam und eine von den Amerikanern geförderte Republik in Südvietnam.
Nach dem Willen der Amerikaner sollte Südvietnam ein „Bollwerk gegen den Kommunis-

mus" in Asien werden. Übergriffe Nordvietnams und Aufstände gegen die südvietnamesische Regierung, die von den Vietcong – so die Bezeichnung für die kommunistische Untergrundbewegung – angezettelt worden waren, führten zu einem immer stärkeren Eingreifen der Amerikaner. Seit 1964 bombardierte die amerikanische Luftwaffe Vietnam (es fielen auf dieses kleine Land mehr Bomben als auf Europa im ganzen Zweiten Weltkrieg), und 1967 kämpften rund 550 000 US-Soldaten in Vietnam. Trotzdem gelang es den Amerikanern nicht, die Oberhand in diesem Dschungelkrieg zu gewinnen. Beeinflußt von der inzwischen weltweiten Protestbewegung gegen den Vietnamkrieg und den amerikanischen Präsidentenwahlen begann 1968 die Einstellung des Bombenkrieges und der allmähliche Rückzug der US-Truppen. 1973 wurde ein erstes Waffenstillstandsabkommen unterzeichnet, doch die Kämpfe zwischen Nord- und Südvietnam gingen – nun ohne direkte Beteiligung amerikanischer Soldaten – weiter. Im April 1975 ergab sich die südvietnamesische Regierung dem Norden. Der Krieg war zu Ende. In diesem Krieg starben – nach amerikanischen Angaben – zwischen 1961 und 1972 über 1,1 Millionen Soldaten (davon 50 000 Amerikaner). Die Zahl der Opfer unter der Zivilbevölkerung Vietnams wurde auf über zwei Millionen geschätzt (bei einer Gesamtbevölkerung von etwa 36 Millionen).
1972 verbreiteten die Medien weltweit ein Bild, das zum Symbol für den Irrsinn des Vietnamkrieges wurde: Ein nacktes Mädchen rennt schreiend auf einer Landstraße, umgeben von anderen Kindern und Soldaten mit Gewehren – im Hintergrund verbrannte Wälder und Feuer. Die Aufnahme stammt vom 8. Juni 1972. An diesem Tag begann die südvietnamesische Armee einen Großangriff gegen den Vietcong, und amerikanische Kampfflugzeuge unterstützten die Offensive durch den Abwurf von Napalmbomben (siehe dazu Anmerkung 5, Seite 46). Die Kleidung von Kim Phuc, so der Name des damals neunjährigen Mädchens, hatte Feuer gefangen und war ihr vom Leib gerissen worden. Der Fernsehjournalist Peter Krebs besuchte 1983 die nun 20jährige junge Frau und schrieb über das Gespräch mit ihr und ihren Geschwistern.

Die Tür geht auf, und ein junges Mädchen kommt herein: Kim Phuc. Gut sieht sie aus: ein rundes, ebenmäßiges Gesicht, glattes, gescheiteltes Haar, das ihr bis auf die Schultern herabhängt, ein offenes, gewinnendes Lächeln. Sie trägt eine weiß-rot bestickte Bluse mit langem Arm und weite, schwarze Hosen. Niemand sieht ihr die schweren Verletzungen an, ihre Schwäche, ihre labile Gesundheit – sie ist eine hübsche junge Frau von zwanzig Jahren. Ein bißchen verlegen, als uns der Arzt vorstellt. Aufmerksam guckt sie jedem in die Augen, als wollte sie sich ein Bild machen, mit wem sie es zu tun hat, und kommt dann schnell zur Sache:
„Am Morgen dieses schrecklichen Tages (am 8. Juni 1972) sind wir früh aufgestanden, haben Reis gekocht und sind zu den Unterständen gegangen, weil es die ganze Nacht nicht aufgehört hatte zu schießen. Wir ahnten schon, daß heute etwas passieren würde. Die Soldaten von der Befreiungsfront waren schon drei Tage im Dorf. Als das Schießen schlimmer wurde, kam unser Onkel und schickte uns in die Pagode[1]). Unsere Eltern kamen später nach. Auf einmal schrie einer: ‚Sie schmeißen Bomben!' Wir hörten die Flieger herunterheulen und die ersten Explosio-

1) Pagode: europäische Bezeichnung für einen buddhistischen Tempelturm.

nen. Und gleich danach wurde auch die Pagode getroffen. Das Dach fing an zu brennen. Und dann schrie einer: ‚Raus! Raus! Hier verbrennen wir alle!' Alles drängte sich zu den Türen, und wir rannten ins Freie. Aber überall brannte es, und wir wußten gar nicht, wo wir hin sollten. Wir rannten um die Pagode herum und kamen an Onkel Tams Zaun. Da konnten wir nicht rüber, aber unser Onkel hob uns über den Zaun. Dabei hast du dir noch so weh getan, weißt du noch Phuoc?"
„Und weißt du noch, wie spät es war?" „Ja, zwei Uhr nachmittags." „Richtig! Und dann liefen wir die Straße entlang zur Brücke. Da kamen die Flugzeuge noch mal zurück. Ich guckte hoch und sah eines auf uns niederstoßen. Und dann kam eine ohrenbetäubende Explosion, hinter uns schoß eine Wand aus Feuer hoch." „Wir fielen alle hin – und plötzlich war mein Kopf ganz heiß –, und alle schrien, Mutter und Vater und die Tante …" „Mit einemmal waren auch Soldaten da, die sprangen auf uns zu, einer rief: ‚Reiß ihr doch die Kleider runter!' Ich guckte mich um, da warst du auf einmal ganz nackt." „Ja, ich sah überhaupt nichts mehr, nur noch Feuer. Dann riß mir ein Soldat die Sachen runter, aber seine Hände, die brannten auch. Dann war ein anderer da, der hatte seine Jacke ausgezogen und warf sie auf mich. Es war furchtbar! Ich schrie, weil es so heiß war, so unerträglich heiß. Als das Feuer aus war, riß mich einer hoch und sagte, ich solle laufen, so schnell ich kann. Und dann sah ich auch meine Brüder und war froh, und wir rannten, rannten, rannten. Und während wir liefen, sah ich meine ganze Zukunft vor mir: Ich wußte, daß ich verbrannt war und daß ich viel zu leiden haben würde."
„Dann kamen wir an die Brücke, da waren all die anderen. Und da war ein Auto, das wollte uns mitnehmen, aber wir wollten warten auf Onkel Tam, der suchte das verbrannte Baby." „Und da waren auch die Reporter, weißt du noch, die Wasser über dich geschüttet haben und uns etwas zu trinken gaben, und wie wir getrunken haben, noch und noch! Und dann bist du ohnmächtig geworden." „Ja, ich wußte gar nichts mehr. Nur noch: heiß, heiß, heiß – wie die Hölle!"
„Dann sind wir alle ins Krankenhaus gefahren worden. Später kam ein Hubschrauber, der brachte dich fort. Wir sind ein paar Tage im Krankenhaus geblieben. Als alles vorbei war, sind wir zurückgefahren: Vater, Mutter, Phuoc und ich – die Tante blieb im Krankenhaus wegen ihres verbrannten Beines, und Onkel Tam blieb bei ihr, sie war ja dann so krank, weil sie doch ihre beiden Kinder verloren hatte."
„Also wir fuhren nach Trang Bang – nach Hause, und da sah ich, daß unser Haus zerstört war, verbrannt das ganze Dach. Wir haben so geweint. Vater kaufte dann Material, und wir haben es wieder aufgebaut, notdürftig, aber anderthalb Jahre später verbrannte es noch einmal. Gott sei

Dank war niemand drin." „Und du?" „Ich weiß nichts von später. All die Monate im Krankenhaus ... Ich weiß nur, daß ich immer im Feuer lag – diese schreckliche Hitze in mir, immer diese Hitze! Und morgens kamen sie und wechselten die Verbände. Das tat so weh! Dann schrie ich und schrie ich. Ganz gleich, was die Ärzte auch sagten – ich nannte das meine tägliche Sterbestunde."

Anfangs erzählten die Geschwister nur stockend. Lächelnd. Aber dann erinnern sie sich gegenseitig an Einzelheiten, fragen sich, antworten und reden sich in Eifer. Und nun sitzen alle drei mit gesenkten Köpfen. Bis Tam, der Älteste, aufblickt und sagt: „Seit ich geboren wurde, bis 1975, kannte ich nur Krieg, nur Schießen und Bomben. Und Angst vor dem Tod. Ich habe nicht verstanden, warum ich immer Angst haben mußte. Ich habe immer gedacht, meine Eltern könnten sterben und wir könnten allein bleiben. Als die Bomben fielen und wir rannten, da habe ich gedacht: Jetzt ist es soweit, wir sind allein übriggeblieben. Ich war so froh, als ich sie wiederfand. Aber dann warst du so verbrannt und ohnmächtig. Was für eine merkwürdige Schwester ich habe, dachte ich, jetzt ist sie tot. Das kann man alles gar nicht mit Worten beschreiben. Ich möchte in Frieden leben, im Kreis meiner Familie. Jetzt haben wir Frieden, aber nicht überall. Wenn ich an all das Vergangene denke, macht es mich ganz traurig. Wenn doch überall Frieden wäre!"

Und Kim Phuc fügt hinzu: „Ich hasse niemanden. Aber ich hasse den Krieg! Ich möchte dem Frieden dienen, aber ich bin nicht stark genug." ■

Aus: Heinrich Pleticha (Hrsg), a. a. O., S. 433–435

Furcht vor der Grenze

Isolde Heyne

Nach dem Mauerbau von 1961 (siehe hier die Einführung zum Text „Kann eine solche Grenze wirklich Frieden schaffen?", Seite 27f.) ging die Zahl der Flüchtlinge aus der DDR stark zurück. Trotzdem gab es immer wieder sogenannte „Sperrbrecher", die unter Gefahr von Leib und Leben die durch Schießbefehl, Selbstschußanlagen, Minenfelder, Stacheldraht und Betonmauern geschützte deutsch-deutsche Grenze überwanden. Bis zur Öffnung der Mauer am 9. November 1989 starben allein in Berlin mindestens 79 (nach anderen Angaben 102) Menschen beim Versuch, die Mauer zu überwinden. Soweit bisher feststellbar, kamen an der gesamten innerdeutschen Grenze mehr als 200 Menschen durch Schußwaffengebrauch, Minen und Selbstschußanlagen ums Leben und mehr als 300 Menschen wurden bei einem Fluchtversuch zum Teil schwer verletzt.

Die Schriftstellerin Isolde Heyne, die bis 1979 in der DDR lebte, erzählt in „Treffpunkt Welt-

zeituhr„ (Deutscher Jugendbuchpreis 1985) vom Schicksal eines Mädchens, dessen Eltern versuchten, über die tschechische Grenze in den Westen zu fliehen. Die Flucht scheiterte. Während der Vater erschossen wurde, mußte die Mutter wegen „Republikflucht und Beihilfe zur Spionage" für über sechs Jahre in ein Frauengefängnis; Inka, die Tochter, kam in ein Heim. Nach ihrer Entlassung schoben die DDR-Behörden die Mutter in die Bundesrepublik ab, und von dort gelang es ihr, die Tochter zu sich in die Bundesrepublik zu holen.
Anfang der 80er Jahre kommt Inka, die inzwischen 14 Jahre alt ist, während einer Klassenfahrt nach Berlin. In Ostberlin trifft sie ihre alte Freundin Tutty wieder. Was Inka auf der Reise nach Berlin bewegt und welche Gedanken ihr durch den Kopf gehen, schildert der folgende Auszug:

Inka fürchtete sich vor dem Grenzübergang, obwohl sie es nicht eingestehen wollte. Sie bemerkte auch, daß die anderen in der Klasse eine Stimmung ergriffen hatte, die verkrampft wirkte. Ein paar waren betont lauter als sonst, andere wieder zu still.

Grit, die bis dahin geschlafen hatte, kramte in ihrer Tasche herum, und Inka fand, daß sie ziemlich nervös war. „Hör endlich auf damit, was suchst du denn eigentlich?" „Ob die unsere Taschen kontrollieren?" Inka wußte es nicht. Möglich war es schon. „Ich habe nämlich einen Brief mit. Den soll ich in Ost-Berlin in den Kasten stecken." „Ist da was Besonderes drin?" „Ich glaube nicht. Er soll nur nicht durch die Kontrollen gehen." Inka hatte sich abgewöhnt, darüber empört zu sein, daß manchmal Briefe einfach geöffnet und von fremden Menschen gelesen wurden. Eigentlich war das unfair, so wie fremde Tagebücher lesen, ohne die Erlaubnis dazu zu haben. Zuerst war es ein Schock für sie, als sie von der Mutter erfuhr, daß oftmals Briefe und Pakete kontrolliert werden. Inzwischen hatte sie sich angewöhnt, ihre Briefe so zu schreiben, daß alles harmlos wirkte, auch wenn etwas anderes damit gemeint war. Sie schrieb sowieso fast nur an Tutty, und mit ihr hatte sie inzwischen eine Art Code entwickelt, aus dem sie beide herauslesen konnten, was damit gesagt werden sollte. Die gemeinsamen Jahre im Heim boten genügend Möglichkeiten für Umschreibungen. Deshalb freute sich Inka jetzt auch besonders auf das Treffen mit Tutty. Auf diese Weise konnten sie einmal über alles sprechen, ohne erst überlegen zu müssen: Darf man das oder darf man das nicht. Frau Herzog gab letzte Anweisungen vor der Grenze. Auch sie war nervös, ebenso wie die anderen Begleiter der Gruppe. Inka wünschte, der Grenzübergang wäre schon passiert, denn sie konnte sich auf nichts mehr konzentrieren. Dabei mußten sie noch einmal durch die Grenzkontrolle, wenn sie die Transitstrecke nach West-Berlin hinter sich hatten.

„Die leben in West-Berlin wie auf einer Insel", sagte Grit. „Ich weiß nicht, ob ich da wohnen möchte." „Alles Gewohnheit." Markus, der eine Reihe vor ihnen saß, beugte sich jetzt nach hinten. „Ich habe da einen Onkel wohnen, dem macht das gar nichts aus, jedesmals durch die DDR zu fahren, wenn er nach Deutschland will.“

Inka schluckte eine Entgegnung hinunter. Wie oft hatte sie schon mit Markus darüber diskutiert! Er war ein prima Junge, ihr Freund sogar, aber dafür hatte er einfach keinen Nerv. Wie viele andere in der Klasse auch. Die Bundesrepublik war für ihn Deutschland, der andere Teil die DDR. Während dieser Gedanken fuhren sie schon innerhalb des Grenzüberganges. Der Bus hielt und Frau Herzog stieg mit dem Fahrer und den anderen Erwachsenen aus. Alle Schüler aber hatten Anweisung, den Bus ohne Aufforderung nicht zu verlassen. Auf der bundesdeutschen Seite ging es schnell. Als sie zur DDR-Grenzabfertigung kamen, war alles umständlicher und genauer. Zwei Grenzer kamen in den Bus und sahen sich um. Inka bemerkte auch, daß die Gepäckklappen außen am Bus geöffnet wurden. Eigentümlicherweise hatten die Gespräche aufgehört. Selbst die, die sonst immer das große Wort führten, waren still geworden. Inka schaute einen Grenzer an, der draußen vor dem Bus stand. Sie konnte sich nur schwer vorstellen, daß er schießen würde, wenn jemand über die Grenze fliehen wollte. Er hatte ein so jungenhaftes und freundliches Gesicht. Inka konnte sich ihn eher in Jeans denken, wie er in eine Diskothek ging und dort nach Pop-Musik tanzte. Beklommen dachte sie: Daß man Menschen nicht ansehen kann, wozu sie fähig sind!

Endlich ging es weiter. Sie fuhren durch DDR-Gebiet, aber der Bus hielt nicht mehr. An der Grenzkontrolle nach West-Berlin lief dann alles im gleichen Zeremoniell ab, nur schneller und weniger umständlich.

„Na, nun haben wir es ja erst mal wieder geschafft.“ Man merkte Frau Herzog die Erleichterung an, daß alles ohne Zwischenfälle abgelaufen war. „Komisch“, sagte Grit. „Jetzt sind wir wieder lustig. Vorhin hat sich niemand mehr getraut, was zu sagen.“

Inka gab keine Antwort. Sie spürte auch, wie die Beklommenheit von den anderen wich. Ihr war auch jetzt nicht nach reden zumute. Sie fuhren in einen Vorort West-Berlins, wo in einer Pension Zimmer für alle vorbestellt waren. Frau Herzog hatte Mühe, sich in dem Durcheinander, das bei der Schlüsselausgabe herrschte, Gehör zu verschaffen. „In einer halben Stunde treffen wir uns vor dem Haus zur Stadtrundfahrt. Pünktlich, das bitte ich mir aus!“

Mit Grit und Tina bezog Inka ein gemeinsames Zimmer. Sie kam sich fast vor wie im Heim, als sie mit Tutty und Angelika zusammen in einem Zimmer wohnte. Trotzdem war sie froh, daß die beiden anderen nicht auf ihre Einsilbigkeit achteten, weil sie alles erst genau untersuchen und ausprobieren mußten. Inka war es auch recht, das einzeln stehende Bett zu bekommen, denn sie hatte plötzlich das Gefühl, sich verkriechen zu müssen. „Wäre ich bloß nicht mitgefahren!“ Sie dachte das immer wieder, auch während der Stadtrundfahrt. Nichts lenkte sie davon ab, immer wieder an das zu denken, was vor ihr lag: Die morgige Fahrt nach Ost-Berlin und die Begegnung mit Tutty. [...]

Von der Stadtrundfahrt bekam Inka durch diese Gedanken nicht viel mit. Auch als sie in einer Gaststätte ein verspätetes Mittagessen einnahmen, blieb Inka einsilbig. Frau Herzog schaute sie prüfend an: „Alles in Ordnung, Inka?“ „Weiß nicht. Da sind so viele Gedanken. Das macht mir alles Angst ...“ „Wenn du reden willst, sag's“, bot die Lehrerin an. Inka nickte nur. Dann setzte sie doch hinzu: „Später, vielleicht.“

Dann fuhren sie zur Mauer am Brandenburger Tor. Am liebsten wäre Inka zurückgeblieben, aber dann lief sie doch mit. Vor vier Jahren hatte sie schon einmal am Brandenburger Tor gestanden und etwas über die Mauer erklärt bekommen, die Berlin seit dem 13. August 1961 in zwei Hälften teilt. Der kleinere Teil war Ost-Berlin. In der DDR hieß es: Berlin, Hauptstadt der DDR.

Wie hieß doch gleich dieser Lagerleiter aus dem Ferienlager damals? Harald? Sie konnte sich nicht mehr genau an ihn erinnern. Aber an das, was er gesagt hatte, erinnerte sich Inka ganz deutlich: „... Der Klassenfeind hatte vor, unser sozialistisches Land auszubluten. Die besten Spezialisten wurden abgeworben, Menschen, für deren Ausbildung der Staat viel Geld ausgegeben hatte. Und nicht nur das – durch die offene Grenze kamen Spione haufenweise, Agenten wurden hereingeschleust, Schundliteratur kam in Massen herüber ...“

Jetzt stand Inka auf der anderen Seite dieser Grenze. Ob die Menschen drüben auch über sie, über die Mutter, über Frau Herzog und alle anderen Leute so dachten, nur weil sie im Westen wohnten? Inka konnte sich das nicht vorstellen. Genauso wie sie über das ärgerlich war, was in den Zeitungen oder im Fernsehen manchmal an Unsinn über die DDR gesagt wurde. Jeder sagt nur das, was ihm nützt, dachte sie traurig. Sie gab sich gar keine Mühe hinzuhören, was der Stadtführer über den Mauerbau erzählte, eine Mauer, die in der DDR den Namen „Antifaschistischer Schutzwall“ trage und von den Minenfeldern, die dort „Grenzsicherungsanlagen“ hießen. Inka dachte vielmehr daran, daß ihr damals die Gespräche der Leute, die neben ihr gestanden hatten, Schrecken eingejagt hatten. Zum ersten Mal hatte sie, wenn auch nur geflüstert und durch ängstliches Umhersehen gesichert, von den Leuten Worte gehört wie Schießbefehl, Todesstreifen, Selbstschußanlagen, Bluthunde, Wachtürme. Und dann: „So werden diese Kinder aufgehetzt. Eine Schande ist das!“ ■

Aus: Isolde Heyne, Treffpunkt Weltzeituhr. Würzburg: Arena 1984, S. 58–64

Vergilbte Fotos

Wolfgang Bittner

Nachdem in den 1970er Jahren fast ausschließlich der menschenverachtende Terrorismus „linker" Gewalttäter im Zentrum der öffentlichen Aufmerksamkeit gestanden hatte, sorgten seit den 80er Jahren auch rechtsextremistische Gewalttaten für immer neue Schlagzeilen. Allein zwischen 1983 und 1988 registrierten die Behörden rund 1 300 rechtsextremistische Straftaten. Die Vergehen reichten von Aufmärschen in uniformähnlicher Kleidung mit nationalsozialistischen Symbolen über öffentliches Leugnen der Verbrechen der Nationalsozialisten bis zu Gewalttaten gegen Ausländer, Asylbewerber, Nichtseßhafte und andere Randgruppen. Darüber hinaus schreckten die Rechtsextremisten nicht vor der Schändung jüdischer Friedhöfe und Anschlägen auf jüdische oder ausländische Einrichtungen zurück.
Die folgende Erzählung von Wolfgang Bittner zeigt, wie notwendig eine Auseinandersetzung mit dem nationalsozialistischen Herrschaftssystem und seinen Verbrechen ist, um gegen neonazistische Strömungen gewappnet zu sein.

Mein Freund Walter erhielt neulich überraschend Besuch. Es klingelte nachmittags an der Haustür, und als er öffnete, stand ein etwa sechzehnjähriger Junge da, breitbeinig, die Hände auf dem Rücken: „Haben Sie vielleicht Sachen aus den vierziger Jahren, die Sie nicht mehr brauchen?" Er trug Knobelbecher, schwarze Hosen, braunes Hemd, die Haare sehr kurz geschnitten.
„Aus den vierziger Jahren?" fragte Walter verblüfft. „Warum gerade aus den vierziger Jahren? Meinst du wirklich die vierziger Jahre? Oder können es auch die fünfziger oder sechziger oder vielleicht die siebziger Jahre sein?" „Nein, nein", sagte der Junge bestimmt, „die vierziger Jahre. Eher vor 1945." „Und an was für Sachen denkst du da?" „Na, irgend etwas." „Ich meine, denkst du zum Beispiel an ein altes Radio, so einen Volksempfänger, oder an Möbel oder Bücher ...?"
„Bücher wären nicht schlecht. Es müßten aber welche sein wie ‚Mein Kampf'[1]) oder so. Eine SS-Uniform oder ein Ehrendolch oder Orden wären natürlich am besten." Walter atmete tief durch. „Aha. Und warum sammelst du das?"
Es entstand eine kurze Pause, der Junge schien zu überlegen. „Wir sind eine Gruppe an der Berufsschule", antwortete er schließlich. „Wir kennen jemanden, der kauft solche Sachen. Er handelt mit Antiquitäten oder wie das heißt, und er sagt, daß man dafür Geld bekommt." Er schwieg erneut und fragte dann kurz angebunden: „Haben Sie nun etwas oder nicht?"
„Ich kann ja mal nachsehen", sagte Walter. „Komm doch einen Augen-

1) In dem Buch „Mein Kampf" (1927/29) stellte Adolf Hitler (1889–1945; Selbstmord) seine menschenverachtende Weltanschauung vor; die SS (Schutzstaffel) war die am meisten gefürchtete und mächtigste Organisation während der nationalsozialistischen Gewaltherrschaft.

blick herein, dann können wir uns besser unterhalten." Sie gingen ins Wohnzimmer, und Walter bot dem Jungen einen Stuhl an. „Warst du schon in der Nachbarschaft?" fragte er. „Klar", sagte der Junge. „Ich klappere die Häuser der Reihe nach ab. Aber bisher hab ich nichts bekommen. Manche halten mich für einen Vertreter und hören gar nicht erst zu."

Walter zog eine Schublade des Wohnzimmerschranks auf und begann zu kramen. „Was hältst du von Fotos?" fragte er und nahm einen Packen vergilbter alter Fotografien heraus.

„Es kommt darauf an", sagte der Junge. „Sie können sie mir ja mal zeigen."

Auf dem ersten Foto war ein Mann mittleren Alters zu sehen, der an einem Schreibtisch saß, im Hintergrund Bücherregale. „Das ist mein Vater", erklärte Walter. „Er war Jurist und ist im Frühjahr 1945 gestorben."

Der Junge schüttelte den Kopf: „Kann ich nicht gebrauchen."

Auch auf dem zweiten Foto war ein Mann mittleren Alters zu sehen, der Kleidung nach offensichtlich ein Pastor. „Mein Onkel", erklärte Walter. „Der Bruder meines Vaters. Er ist ebenfalls im Frühjahr 1945 gestorben."

Der Junge schüttelte erneut den Kopf: „Das ist nichts für mich. Haben sie nicht Aufnahmen von Panzern oder von Flugzeugen oder überhaupt von der Front? Das könnte man eventuell loswerden."

Walter blätterte die Fotos durch und zog eines heraus, auf dem ein Mann in der Uniform eines Generals abgebildet war. „Der Onkel meines Vaters", sagte er, „übrigens auch Anfang 1945 gestorben." „Gefallen?" fragte der Junge lebhaft. „Nein, nicht gefallen", erwiderte Walter. „Er ist genauso umgebracht worden wie mein Vater und dessen Bruder."

„Umgebracht worden?" horchte der Junge auf. „Wohl von den Alliierten, was?"

Walter blickte ihn nachdenklich an. „Von den Nazis", sagte er nach einer Weile. „Sie gehörten dem Widerstand gegen Hitler und den Nationalsozialismus an."

Der Junge hielt einen Moment den Atem an, und eine tiefe Röte stieg ihm ins Gesicht. Er schien nicht mehr zu wissen, wo er seine Hände lassen sollte.

Walter tat so, als bemerkte er nichts. „Mein Vater war bei einem Luftverkehrsunternehmen tätig", erläuterte er. „Ende April 1945 wurde er von der SS aus einem Gefängnis in Berlin verschleppt und durch Genickschuß hingerichtet. Man konnte schon den Kanonendonner von der heranrükkenden Front hören. Mein Onkel, der als Theologe der Bekennenden Kir-

che[1]) angehörte, ist Anfang April 1945, wenige Tage vor der Besetzung durch die Amerikaner in einem KZ aufgehängt worden. Und der Onkel meines Vaters ist im März 1945 in einem KZ angeblich auf der Flucht erschossen, in Wirklichkeit aber zu Tode gefoltert worden."
Der Junge saß nach vorn gebeugt da und hielt den Blick auf die Spitzen seiner Knobelbecher gerichtet, er sagte nichts.
„Wenn dich interessiert, wie es in solchen Konzentrationslagern aussah", fuhr Walter fort und ging die alten Aufnahmen durch, „kann ich dir Bilder darüber zeigen." Er breitete ein paar Fotos auf dem Tisch aus und trat an den Bücherschrank, um ein Buch zu holen. „Die Kinder meines Onkels", berichtete er weiter, „waren nach der Verhaftung ihres Vaters ebenfalls in ein Lager eingeliefert worden; sie müssen damals zwischen vier und dreizehn Jahre alt gewesen sein. Du weißt, die Nazis verfolgten auch die Familienangehörigen, das nannte sich Sippenhaft." Er schaute zu dem Jungen hinüber, der ihn jetzt mit großen Augen ansah, aber immer noch schwieg. Walter blätterte in einem großformatigen Bildband.
„Hast du von diesen Vorgängen schon gehört?" fragte er.
„Gehört hab ich davon", erwiderte der Junge mit belegter Stimme. „Aber ich dachte immer, das müssen alles Verbrecher gewesen sein, die damals eingesperrt oder hingerichtet worden sind."[2])
„Soll ich uns vielleicht eine Tasse Kaffee kochen?" fragte Walter, „dann kann ich dir noch weitere Fotos zeigen, und wir könnten uns darüber unterhalten."
Der Junge nickte. „Wenn es Ihnen nichts ausmacht", meinte er. „Interessieren würde mich das schon." ■

Aus: Horst Heidtmann (Hrsg.), Das ist mein Land. 40 Jahre Bundesrepublik Deutschland. Baden-Baden: Signal 1988, S. 189–192

1) Bekennende Kirche: Gegen die Bildung einer evangelischen Reichskirche (und die damit verbundene Vereinnahmung der evangelischen Landeskirchen durch den nationalsozialistischen Staat) sowie gegen die Rassenideologie der Nazis wurde 1934 in Barmen die Bekennende Kirche gegründet. Ihre Angehörigen wurden verfolgt, und 18 ihrer Pfarrer kamen bis 1945 in Konzentrationslagern ums Leben. Der Widerstand der Bekennenden Kirche gegen die Nazis beschränkte sich vor allem auf kirchlich-theologische Belange, hinsichtlich der Verfolgung und Ermordung der Juden blieb sie weitestgehend stumm.

2) In den zahlreichen von der SS geleiteten Konzentrations- und Vernichtungslagern wurden etwa sechs Millionen Menschen aus rassistischen und politischen Motiven umgebracht – darunter etwa 5,1 Millionen Juden aus ganz Europa; darüber hinaus wurden in den Lagern auch Roma und Sinti, politische Gegner der Nazis, Zeugen Jehovas, Homosexuelle, Nichtseßhafte und Kriegsgefangene ermordet.

Wer muß sich anpassen?

Jan de Zanger

Rechtsextremistische Gewalt und Fremdenfeindlichkeit sind seit den 1980er Jahren (siehe Einführung zum Text „Vergilbte Fotos", Seite 58) nicht nur ein deutsches, sondern ein europäisches Problem. Sowohl in Frankreich, Italien und Großbritannien als auch in anderen Staaten zeigten sie sich im Zusammenhang mit den gewachsenen sozialen und wirtschaftlichen Problemen (z. B. hohe Arbeitslosigkeit und steigende Armut). Jan de Zanger hat in seinem Roman „Dann eben mit Gewalt" eindrucksvoll aufgezeigt, wie Rechtsradikalismus sich ausdrückt. Aus der Sicht Sandras, einer jungen Farbigen, erzählt er in dem folgenden Textauszug von fremdenfeindlichen Einstellungen niederländischer Jugendlicher.

Herr Fischer", hörte er Sandra plötzlich hinter sich sagen, „glauben Sie wirklich, daß das hilft?"

Fischer blickte verwirrt auf. Er konnte es einfach nicht vertragen, wenn Inhalt oder Nutzen seines Unterrichts zur Diskussion gestellt wurden. Er beherrschte sich und sagte: „Was meinst du, Sandra?" „Naja", antwortete sie, „wir haben jetzt zwei Wochen lang die Programme der politischen Parteien miteinander verglichen. Wir haben herausgefunden, daß eine Partei die Ansicht vertritt, die Niederlande müsse so niederländisch wie möglich bleiben, die niederländische Kultur darf nicht verwässert werden, oder was weiß ich, wie die sich ausdrücken."

„Ja", erwiderte Fischer, „die Zentrumspartei." „Aber die Zentrumspartei ist gesetzlich als politische Partei zugelassen. Die Leute wissen genau, wie weit sie in der Formulierung gehen können. Wir kommen doch nicht weiter, wenn wir immer nur die Parteiprogramme betrachten."

„Was möchtest du denn?" fragte Fischer. „Es geht doch nicht um die Programme", sagte Sandra. „Es geht um die Leute, die so einer Partei ihre Stimme geben. Die hohen Herren sorgen schon dafür, daß sie sich die Hände nicht schmutzig machen, aber was denken normale Bürger, wenn sie so einer Partei die Stimme geben, was machen viele Leute, wenn sie einen Türken oder einen Molukker[1]) sehen? Was haben die Schüler hier in der Klasse gedacht, als im Umkleideraum „weiß ist weiß" an der Wand stand? Was haben sie gedacht, als sie hörten, daß Oktay zusammengeschlagen worden ist, nur weil er Türke ist? Darüber sollten wir reden."

Während sie sprach, hatte Lex sich zu ihr umgedreht. Sie war rot geworden, und sie hatte Tränen in den Augen. Sie hatte sich verändert. In den letzten drei Wochen hatte er sie nur in der Schule gesehen, und kurz da-

1) Molukker: Bewohner der Molukken, einer östlichen Inselgruppe Indonesiens. Die seit dem 17. Jh. unter niederländischer Hoheit stehenden Inseln waren 1942–1945 von den Japanern besetzt worden. Nach dem Zweiten Weltkrieg wurden die Molukken Teil Indonesiens. 1950 brach auf den Süd-Molukken ein Aufstand gegen die indonesische Zentralregierung aus, der in den folgenden Jahren niedergeschlagen wurde. Viele Südmolukker fanden damals Zuflucht in den Niederlanden.

nach, wenn er sie nach Hause brachte. Sie wollte nicht mehr, daß er mit raufging, sie besuchte ihn nicht mehr, und im Schwimmbad ließ sie sich auch nicht mehr sehen.

Vorgestern abend hatte er sie angerufen. Er war allein zu Hause, und vielleicht war das die Gelegenheit, sich einmal länger mit ihr zu unterhalten. Aber ihre Mutter sagte, sie wäre nicht zu Hause. Als er sie gestern fragte, wo sie denn gewesen wäre, zog sie die Schultern hoch. „Ach, bei Elly", antwortete sie.

Fischer schaute auf seine Armbanduhr, als könnte er da eine Antwort finden. „Ich find dies so ... so zwecklos", sagte Sandra viel leiser. „Wir reden über Wörter, über schöne Sätze, aber nicht über Menschen ... und um die geht es doch eigentlich!" „Woran hast du denn gedacht, als du die Wörter an der Wand gesehen hast?" fragte Anne. „Welche Wörter meinst du?" antwortete Sandra. „Im Umkleideraum. Weiß ist weiß."

Fischer versuchte einzugreifen, aber Sandra kam ihm zuvor: „Was ich zuerst dachte? Ich gehör nicht dazu, dachte ich. Ich bin nicht weiß. Ich bin ein Halbblut, halb weiß, halb braun. Aber das Weiße zählt jetzt nicht, nur das Braune." „Warst du erschrocken?" fragte Carla.

Sandra starrte vor sich hin. „Nein", sagte sie dann. „Das kam erst später. Weißt du, ich bin hier geboren, ich habe mich immer als Niederländerin gefühlt. Früher hatte ich eine Menge Freunde und Freundinnen. Das wurde erst anders, als ich auf die Realschule kam, in die höheren Klassen. Und dann zogen wir hierhin um, hier bin ich dann in die zehnte Klasse Gymnasium gekommen. Ich hab mich noch nie so allein gefühlt wie im ersten Jahr. Erst durch Lex gehör ich jetzt dazu."

Sie legte ihm die Hand auf den Arm. Ein gutes Gefühl. War doch noch alles in Ordnung? In den letzten Wochen hatte er immer mehr daran gezweifelt. Sie schien ihm auszuweichen, als wollte sie nichts mehr mit ihm zu tun haben. Durch den Pulloverärmel spürte er die Wärme ihrer Hand, während Fischer und die anderen aus der Klasse sie anstarrten.

„Wenn dann plötzlich so etwas an der Wand steht, ist das schrecklich. Euch ist es vielleicht nicht aufgefallen, aber an dem Tag, und auch an den Tagen danach, liefen hier alle, die nicht Niederländer sind, ganz anders rum. Grad so, als wären wir alle ein bißchen kleiner geworden, als zögen wir den Kopf zwischen die Schultern, um ja nicht aufzufallen. Und als bekannt wurde, daß Oktay im Krankenhaus lag, wurde es noch schlimmer."

„Aber es dreht sich doch um eine Minderheit", versuchte Fischer zu beschwichtigen. „Ich meine, es kann doch nur eine sehr kleine Gruppe sein, die das Hakenkreuz an die Wand geschmiert hat, und sie traut sich nicht, offen aufzutreten, sie scheut das Tageslicht ..."

„Aber sie trauen sich, auf der Straße Leute zusammenzuschlagen", sagte Lex. Jetzt wurde es ihm doch zu bunt. Er spürte, wie Sandra seinen Unterarm umklammerte. Nein, er hatte nicht vor zu erzählen, daß auch sie überfallen worden war. „Und ich kann mir gut vorstellen, daß einer es dann mit der Angst zu tun bekommt, nun auch bald an der Reihe zu sein."

„Vielleicht bin ich überempfindlich geworden", sagte Sandra, „aber sie müßten mal mitmachen, wie viele Leute reagieren, wenn jemand mit dunkler Hautfarbe in den Bus steigt. Wenn sie allein auf einer Bank sitzen, kann man ihnen die Angst vom Gesicht ablesen, die Angst, man könnte sich neben sie setzen. Und Sie müßten mal hören, was für gemeine Witze über Türken erzählt werden."

„Das haben die Türken mit ihrem Benehmen doch selbst provoziert", sagte Jakob ruhig. „Die wollen sich doch nicht anpassen. Sie halten an ihrem Glauben fest, mit dem Schlachten von Schafen und so. Die Frauen laufen hier genauso rum wie in der Türkei, mit Kopftuch und den verrückten Hosen unter dem Rock, und sie träumen nur davon, zurück in die Türkei zu gehen. Na bitte, sollen sie's doch tun!"

„Und so ist es mit den Molukkern doch auch", rief Wim. „Die sitzen hier in Holland, aber sie wollen alle so dicht wie möglich beieinander wohnen, sie haben ihren eigenen Präsidenten, sie haben sogar ihre eigene kleine Armee. Das geht doch nicht!" Plötzlich redeten alle durcheinander. Fischer stand vor der Klasse und versuchte, die Ruhe wiederherzustellen.

„Genau das hab ich gemeint", sagte Sandra ihm ins Ohr. „Wenn ein Gespräch darüber erst einmal in Gang kommt, werden solche Dinge gesagt." „Ruhe!" sagte Fischer mit lauter Stimme. „Wenn ihr nicht anständig diskutieren könnt, fahren wir fort mit dem Unterricht!" „Na, ich glaube doch, daß wir hierbei mehr lernen als bei einem trocknen Unterrichtsstoff", meinte Anne.

Fischer reckte beschwörend die Hände in die Luft. „Jakob und Wim sagen also eigentlich, daß Ausländer nicht hierhergehören, unter anderem, weil sie an ihren alten Gewohnheiten festhalten. Aber das haben in der Geschichte schon so viele Gruppen getan. Gläubige Juden essen auch nur, was nach den Regeln ihrer Religion zubereitet ist, und sie haben ihre Synagoge, so wie die Türken und andere Mohammedaner ihre Moschee haben ..."

„Aber die Juden sind Niederländer geworden", warf Jakob ein. „Es gibt jüdische Minister und jüdische Bürgermeister, und was weiß ich, was für hohe Stellungen die sonst noch haben." „Die sind auch schon viel länger hier", sagte Sandra ruhig. „Ich kenne heute auch Türken, die auf der Uni-

versität studieren. In ein paar Jahren gibt's hier auch türkische und marokkanische Ärzte und Lehrer und Rechtsanwälte …"
„Ja", unterbrach Jakob sie, „und dann haben sie auf unsere Kosten studiert, und sie haben unsere Plätze auf den Universitäten besetzt. Und wenn sie fertig sind, hauen sie ab in die Türkei, weil sie da gleich 'ne große Nummer sind. Sollen sie doch sofort Leine ziehen!" Ein Seufzer ging durch die Klasse. Fischer blickte ein wenig hilflos von einem zum anderen. Ihm war die Sache total aus der Hand geglitten.
Lex spürte Sandras Finger immer kräftiger seinen Arm drücken. „Das finde ich ganz schlimm", sagte sie, „daß jemand so etwas sagen kann."
Fischer begann, in seinen Papieren auf dem Tisch zu blättern, und schaute noch einmal auf die Armbanduhr. „Darf ich etwas sagen?" fragte Lex. Fischer nickte.
„Habt ihr Sonntag abend Fernsehen gesehen? Da war ein Programm über Amerikaner niederländischer Abstammung. Meine Mutter wollte das gern sehen, weil wir da Verwandte haben. Die Leute, die Amerikaner, die träumen alle von Holland. Die heiraten am liebsten jemanden, der auch aus den Niederlanden stammt, sie nennen ihre Kinder Dirk oder Marie, sie feiern miteinander Sankt Nikolaus, sie treffen sich ein paarmal im Jahr in einem großen Saal und essen richtig holländisch, und sie singen niederländische Lieder, die ich überhaupt nicht mehr kenne. Wenn das ein Amerikaner sähe, sagte der sofort: Das sind Holländer! Sollen die dann auch Leine ziehen, weil sie an ihren niederländischen Gewohnheiten festhalten? Und so sieht es auch in Australien aus. Und in Südafrika und in allen möglichen Ländern in der ganzen Welt. Wenn die alle überall rausgejagt würden, was würden wir dann sagen?"
„Das ist etwas ganz anderes", sagte Wim. „Das sind Weiße in einem weißen Land und …" „In Südafrika bestimmt!" rief Anne. „Und Amerika und Australien sind weiß gemacht worden", sagte Lex. „In Südafrika haben sie die Schwarzen nur nicht ausrotten können, wie sie das in Amerika mit den Indianern gemacht haben."
Fischer schaute wieder auf seine Armbanduhr. „Die Stunde ist gleich um", sagte er. Es hörte sich ziemlich erleichtert an. „Ich glaube, Sandra hatte recht, als sie sagte, wir sollten uns nicht länger mit den Parteiprogrammen aufhalten. Ich werde es mir überlegen, und ich muß doch mal mit einigen Kollegen darüber reden, vielleicht können wir in Gemeinschaftsarbeit fächerübergreifend etwas machen."
„O ja", sagte Sandra, „so macht man es bei meinem Bruder in der Schule auch. Der ist auf der Berufsfachschule, und wenn da wieder mal eine diskriminierende Bemerkung fällt, antworten die Lehrer einfach mit irgendeinem Projekt, als ob das Problem damit zu lösen wäre!"

Die Klingel rettete Fischer. „Ich will nicht mehr bei denen sitzen", sagte Sandra. „Ich wußte nicht, daß es bei uns in der Klasse so schlimm ist. Sonst hört man nie was von den Jungs, und wenn sie dann endlich den Mund aufmachen ..." Sie schüttelte den Kopf. Er legte ihr den Arm um die Schulter. In dem überfüllten Vorraum vor der Kantine lehnte sie sich für einen Moment an ihn. „Wir können unsere Brote mit nach draußen nehmen", schlug er vor. Sie nickte. „Noch zwei Tage", sagte sie, als sie durch die Straßen des Neubauviertels in der Nähe der Schule liefen. „Dann sind Osterferien. Endlich." „Ja", antwortete er. „Ausschlafen, lesen, viel schwimmen gehen. Kommst du dann auch wieder?" Sie zog die Schultern hoch.

„Ich weiß nicht", meinte sie. „Ich hab so viele andere Dinge zu tun." „Was denn?" „Das kann ich dir jetzt erzählen. Du erfährst es ja doch." „Hat es ..."

Er wagte es nicht, den Satz zu beenden. Sie hatte sich die letzte Zeit so seltsam benommen, als ob sie Abstand von ihm halten wollte. Und jetzt hatte sie in der Stunde mit Fischer plötzlich ihre Hand auf seinen Arm gelegt und gesagt, daß sie durch ihn erst zur Klasse gehörte. ■

Aus: Jan de Zanger, Dann eben mit Gewalt. Kevelaer: Anrich 1986, S. 47–53

Wir sind das Volk!

GUNTER PREUSS

*Mit der Wahl Michail S. Gorbatschows (*1931) zum ersten Mann im Moskauer Kreml (1985) begann in der Sowjetunion eine Politik, die mit Hilfe von Glasnost (russ. Offenheit) und Perestroika (russ. Umgestaltung) die sozialistischen Verhältnisse reformieren wollte. Diese Politik bestärkte die Reformbemühungen in allen Ostblockstaaten. Die Regierung der DDR setzte aber – trotz riesiger wirtschaftlicher Probleme – auf Beharrung. Statt Reformen einzuleiten, vergrößerte sie ihren Unterdrückungsapparat.*

Während die Vorbereitungen zum 40. Staatsjubiläum der DDR liefen, stieg die Zahl der Ausreiseanträge, und im August 1989 begann eine ständig wachsende Fluchtbewegung. Zehntausende flohen nun über die ungarisch-österreichische Grenze in den Westen. An dieser Grenze hatte man im Mai 1989 mit dem Abbau des Stacheldrahtes begonnen. Darüber hinaus suchten nun Tausende in den westdeutschen Botschaften in Budapest, Warschau und Prag Zuflucht und forderten von dort eine Ausreisegenehmigung. Um keinen Schatten auf das Staatsjubiläum fallen zu lassen, ließen die Verantwortlichen der DDR die sogenannten „Botschaftsflüchtlinge" in die Bundesrepublik ausreisen. Doch inzwischen protestierten auch immer mehr Menschen innerhalb der DDR. Sie forderten öffentlich Reisefreiheit statt Massenflucht. Mutige Frauen und Männer der vom Staat verfolgten Bürgerrechtsbewegung riefen mit Flugblättern zu Reformen auf. In den ersten Oktobertagen spitzte sich die Situation gefährlich zu. Während die Machthaber den 40. Jahrestag der DDR am 6. und 7. Oktober vor den (Fernseh-)Augen der Welt mit Pomp und Mi-

litärparaden feierten, versuchten sie gleichzeitig mit einem Riesenaufgebot bewaffneter Sicherheitskräfte, zahlreiche Demonstranten einzuschüchtern.
*Die Montagsdemonstration vom 9. Oktober in Leipzig brachte dann den Umschwung. Obwohl die bewaffneten Kräfte in höchste Alarmbereitschaft versetzt worden waren, wurde der Befehl zur Zerschlagung der verbotenen Demonstration nicht gegeben. Der Ruf „Wir sind das Volk – keine Gewalt!" und eine unter dramatischen Umständen von dem Kapellmeister des Gewandhausorchesters, Kurt Masur (*1927), im letzten Augenblick mit Sekretären der Parteileitung getroffene Verabredung verhinderten einen blutigen Zusammenstoß. Die Demonstration, an der 70 000 Menschen teilnahmen, wirkte wie ein Dammbruch. In den folgenden Wochen gingen die Menschen von Rostock bis Karl-Marx-Stadt (heute wieder Chemnitz) auf die Straße. Sie verwarfen den Führungsanspruch der Sozialistischen Einheitspartei Deutschlands (SED) und forderten Reisefreiheit, Meinungsfreiheit und freie Wahlen.*
Nur zögernd reagierte die Parteiführung. Am 18. Oktober mußte der Staatsratsvorsitzende Erich Honecker (1912–1994) von allen seinen Ämtern zurücktreten. Drei Wochen später trat dann auch die gesamte Regierung zurück. Trotzdem hielt die Fluchtbewegung aus der DDR in die Bundesrepublik an. Die letzte Möglichkeit, sie aufzuhalten und die eigene Macht zu retten, sah die Parteispitze am 9. November in der Öffnung der Grenzen zur Bundesrepublik und Westberlin. Das war der Anfang vom Untergang der DDR und zugleich der Ausgangspunkt für die Wiedervereinigung beider deutscher Staaten im Oktober 1990.
Gunter Preuß hat die Ereignisse und die Stimmung bei der Montagsdemonstration vom 9. Oktober 1989 in Leipzig aus der Sicht einer Schülerin beschrieben.

Dann war er da, der 9. Oktober, ein entscheidender Tag, was sich wie alles, was wirklich wichtig ist, erst später herausstellen sollte. Und doch, wer kennt nicht die Spannung vor Ereignissen, die tief ins Leben schneiden. Man hat nichts als eine Ahnung. Isabell war schon beim Erwachen von diesem Gefühl beherrscht, in dem Furcht und Freude dicht beieinander sind.
An diesem Montagmorgen brachte die Mutter Isabell zur Schule, als hätte sie eine Schulanfängerin an der Hand, der noch einmal in Leitsätzen alle Verhaltensregeln eingeschärft werden.
„Hast du das verstanden?" fragte die Mutter. „Ja", antwortete die Tochter, die ihre Mutter sprechen hörte, aber nicht den Sinn der Worte aufnahm. „Ja."
„Hörst du!" rief die Mutter, als sie auf dem Schulhof Isabell endlich von der Hand ließ. „Hier stehst du nach dem Unterricht. Ich komme, so schnell ich kann." „Ja", sagte Isabell automatisch. „Ja."
Zum Unterrichtsbeginn mußten die Schüler sich in der Aula versammeln. Wieder suchte Isabell Henner; aber er war nicht zu finden. Sie war jetzt sogar bereit, mit Carola zu reden, doch sie wußte nicht, wie sie das rothaarige Mädchen erreichen konnte.
Der Direktor, ein kleiner Mann im grauen Anzug, der von den Schülern nicht einmal einen Spitznamen bekommen hatte, sprach mit ungewöhnlich scharfer Stimme. Es habe gewisse Vorkommnisse gegeben, Zusammenrottungen konterrevolutionärer Elemente, die, von der BRD verhetzt

und angestachelt, die öffentliche Ordnung und Sicherheit untergraben wollten. Sie aber, die Lehrer und Schüler, ständen fest und unerschütterlich an der Seite der SED und ihres sozialistischen Staates, des einzigen demokratischen Staates auf deutschem Boden: DDR.

Als der Direktor zu Ende gesprochen hatte, klatschte er heftig, aber nur hier und da rührten sich einige Hände, der übliche Beifall blieb aus. Der Direktor hustete ins Taschentuch und ging mit kleinen Stolperschritten von der Bühne.

Im Klassenzimmer quälte sich der Unterricht bis zur Mittagspause. [...]

[*Isabell hält es nicht mehr aus, und sie verläßt noch während der Unterrichtszeit die Schule.*]

Sie fuhr mit der Straßenbahn bis zum Hauptbahnhof und lief durch die Unterführung in die Innenstadt. Es war Mittagszeit, aber die Stadt war voller Menschen, von denen die wenigsten zum Einkauf gekommen waren. Isabell erlebte die sonst lärmende Stadt ungewöhnlich still. Die Menschen, wenn sie überhaupt sprachen, schienen zu flüstern. Sie liefen nicht wie üblich eiligen Schrittes, die Ellenbogen gebrauchend, aneinander vorbei. Sie bewegten sich langsam, meist zu zweit und in kleinen Gruppen, und anscheinend nicht auf ein bestimmtes Ziel zu, sondern um ihren Platz zu behaupten. Überall waren Einheiten der Polizei zu sehen, die Männer trugen Schutzhelme, sie waren mit Gewehren, Pistolen und Gummiknüppeln bewaffnet. Lastwagen bahnten sich einen Weg durch die Menschen. Von den Ladeflächen sprangen Polizisten, die sich gruppierten und dann auf Befehl im Laufschritt zu irgendeiner Straße geleitet wurden. Isabell hatte den Eindruck, als würde über die Stadt ein Spinnennetz gespannt, aus dem keiner entrinnen konnte. Vor dem wuchtigen Gebäudekomplex der Staatssicherheit liefen Männer und Frauen auf und ab, die aufnahmebereite Fotoapparate vor der Brust trugen.

Isabell suchte nach dem Träger eines langen schwarzen Mantels, der an diesem milden Oktobertag auffallen mußte. Sie war überzeugt, daß sie Henner nur hier, unter all den Menschen, die es wie sie selbst hergezogen hatte, wiederfinden könnte. Noch nie hatte sie so aufmerksam in so viele Gesichter gesehen, die ihr zugleich fremd und bekannt erschienen.

Isabell hatte die Straßen und Gassen mehrmals durchlaufen, und wieder kam sie zur Nikolaikirche, die durch die montagabendlichen Friedensgebete so etwas wie das Herz der Stadt geworden war. Vor der Boutique für den Herrn, der Löwenapotheke und dem Damenmodesalon standen Menschen in großen Gruppen, auch vor Specks Hof, wo die Passage von Polizisten abgeriegelt war, und auf dem Nikolaikirchhof.

Es war früher Nachmittag, und schon jetzt gingen viele Menschen in die Kirche.

Isabell, der die Situation immer bedrohlicher erschien, stellte sich zu diesen und jenen und hörte dieses und jenes. Es hieß, diese Kirchgänger seien von der Partei geschickte Mitglieder, die die Kirche besetzen sollten. Der Pfarrer habe Drohungen bekommen, die Kirche würde angezündet, wenn noch ein Friedensgebet stattfinden sollte. In der Leipziger Volkszeitung habe gestanden, daß die Staatsfeindlichkeit nicht länger zu dulden sei, die Wiederherstellung von Ruhe und Ordnung werde von den Bürgern der Stadt verlangt, und ein Kampfgruppenkommandeur habe geäußert, daß heute *zugeschlagen* würde. Vom Schießbefehl der Polizei war zu hören, von Armee-Einheiten und Panzern vor der Stadt und von Krankenhäusern, die in Bereitschaft ständen, Verwundete aufzunehmen.

„Mädchen, du“, sagte eine Frau zu Isabell. „Geh besser nach Hause. Aber schnell.“ „Nein“, sagte Isabell. „Ich bin doch kein Murks. Ich bleibe hier.“ „Bravo“, sagte ein Mann. „Aber paß auf dich auf.“ „Versprochen?“ fragte die Frau. „Versprochen“, sagte Isabell und lief noch einmal durch die Innenstadt, die sich mehr und mehr mit Menschen füllte. Aber nirgendwo konnte sie einen blassen Jungen im langen schwarzen Mantel entdecken.

Nach fünfzehn Uhr drängte Isabell sich mit Frauen und Männern in die Nikolaikirche. Ihre Scheu vor dem Unbekannten mußte sie schnell überwinden, denn sie wurde geschoben und gedrückt, daß sie Mühe hatte, sich zu behaupten. Die Kirche war voller Menschen, sie saßen und standen dicht gedrängt, auch die Emporen waren bis auf den letzten Platz besetzt, und bald mußten die Türen geschlossen werden, obwohl – wie es sich später herausstellte – Tausende noch eingelassen werden wollten. […]

Endlich begann der Gottesdienst, und Isabell hörte: „Ich will vor dir hergehen und die Höcker eben machen; ich will die ehernen Türen zerschlagen und die eisernen Riegel zerbrechen.“

Vertreter von Umweltgruppen berichteten über ihre Arbeit. Es wurde zur Besonnenheit und Gewaltlosigkeit aufgerufen. Zettel, wie Isabell sie mit der alten Schreibmaschine beschriftet hatte, gingen herum: *Keine Gewalt! – Wir sind das Volk! – Freiheit! Gleichheit! Brüderlichkeit!*

Jetzt entdeckte sie Henner! In seinem schwarzen Mantel lehnte er an einer Säule. Sein Gesicht hatte frische Narben und blaue Flecke. Um den Kopf trug er eine Binde wie ein Stirnband. „Henner!“ rief Isabell. „Henner! Hier bin ich!“ Da sah sie neben Henner das rothaarige Mädchen, Carola. Henner hatte einen Arm um ihre Schultern gelegt, und sie lehnte den Kopf an seine Brust.

Isabell war für Augenblicke ohne Bewußtsein. Die Frau neben ihr hielt sie an sich gedrückt. „Das geht vorüber, die schlechte Luft“, sagte sie. „Hör nur, hör nur!“

Es wurde ein Aufruf des Gewandhauskapellmeisters und von Bezirkssekretären der Partei zur Gewaltlosigkeit verlesen. Ein Atemholen ging durch die Menge, die Menschen bewegten sich, manche reichten einander die Hände, andere riefen sich etwas zu, und es war sogar ein Lachen zu hören. „Jetzt wird es wohl keine Schießerei geben", sagte die Frau und umarmte Isabell.

Die Glocken läuteten, und alle wollten auf die Straße. Es rief ihnen entgegen, von Mal zu Mal lauter und geschlossener: „Freiheit! Gleichheit! Brüderlichkeit!" Isabell, noch ohne Kraft, ließ sich schieben und mitziehen. Ja, sie brauchte das jetzt, die Körpernähe, den Schweißgeruch und die Stimmen. [...]

Der Demonstrationszug bewegte sich stockend, als hätte er alle paar Meter erneut einen Widerstand zu überwinden, aber er kam voran über den Ring, vorbei an der Hauptpost, dem Opernhaus, weiter über den Vorplatz am Hauptbahnhof, vorbei am Hotel Astoria, an der evangelisch-reformierten Kirche und dem Kaufhaus Konsument am Brühl, unter der mit Menschen überladenen Fußgängerbrücke hindurch, vorbei an der Hauptfeuerwache und dem Haus der Deutsch-Sowjetischen Freundschaft. Gegenüber dem Schauspielhaus vor dem Gebäude der Staatssicherheit stauten sich die Menschen. Die Polizei stand versteckt hinter Mauervorsprüngen und Büschen. Die Fenster des grauen Hauses waren dunkel. Die Menge schrie: „Schämt euch was!" Und sie sang: „Stasi in den Tagebau!" Die Rufe und Gesänge hatten etwas Hilfloses, ja Rührendes, wieder einmal stand David vor Goliath. Aber es waren viele kleine Leute, und sie riefen: „Keine Gewalt!" Keiner wollte weitergehen, hier und jetzt sollte etwas entschieden werden.

„Freiheit!"

Später konnte Isabell sich nicht erklären, wie sie auf das Dach eines am Straßenrand parkenden Autos gekommen war, ob sie hinaufgestiegen war, oder ob man sie hinaufgehoben hatte. Sie wußte weder, was sie hier oben sollte, noch konnte sie unbemerkt hinunterspringen.

Doch sie blieb stehen, und dann rief sie etwas, sie hörte es selbst nicht, aber sie rief lauter, und es war ihr, als schöbe sie mit jedem Ruf etwas von sich, das sie jahrelang bedrückt hatte. Dann hörte sie sich.

„Ich!" rief sie. „Ich!" Die Leute wurden auf sie aufmerksam. Dann war es still. Isabell rief: „Ich! Ich! Ich!"

Es wurde gelacht; aber da stimmte eine Frau in Isabells Rufe ein, dann ein Mann, ein Kind, und schließlich riefen sie alle: *„Wir sind das Volk!"* ■

Gunter Preuß, Vertauschte Bilder. München: Erika Klopp 1991, S. 71–79 und 81–84

SOS aus dem Jenseits

Beken B. Ibraimow

Spätestens unsere Generation ist sich bewußt geworden, daß nicht nur atomare Waffen das Überleben der Menschheit bedrohen, sondern daß auch der friedliche Umgang mit der Atomenergie voller Risiken steckt. Der schwere Störfall des amerikanischen Reaktors „Three Miles Island" bei Harrisburg (Pennsylvania) von 1979 ließ erstmals eine breite öffentliche Diskussion über die mit der Kernenergie verbundenen Gefahren entstehen. Verstärkt wurde die Auseinandersetzung vor allem durch den GAU (Abkürzung für „Größter Anzunehmender Unfall") im ukrainischen Reaktor Tschernobyl von 1986. Allein in dem Gebiet um Tschernobyl wurden etwa 1,4 Millionen Menschen einer gesundheitsschädlichen radioaktiven Strahlung ausgesetzt. Die atomare Wolke machte vor den Grenzen anderer Länder nicht halt und erreichte auch die Bundesrepublik. Genaue Zahlen über die Opfer sind bis heute nicht ermittelt worden. Ein Wissenschaftler, der nach der Katastrophe mit der Beaufsichtigung des Gebietes um Tschernobyl beauftragt war, schätzte, daß das Unglück bis 1991 etwa 7 000 bis 10 000 Todesopfer gefordert habe. Die Langzeitwirkung der radioaktiven Strahlung wird noch viele weitere Opfer – vor allem durch Krebserkrankungen – zur Folge haben.
Der Schriftsteller Beken B. Ibraimow aus Kasachstan macht mit der folgenden erfundenen Erzählung auf einen tatsächlichen Sachverhalt des atomaren Wettrüstens aufmerksam: die radioaktive Verstrahlung durch Atomwaffenversuche in einigen Gebieten der ehemaligen Sowjetunion. Er erzählt die Geschichte eines 14jährigen Jungen, der, kurz bevor er 1991 an einer Strahlenerkrankung stirbt, noch einen Brief an eine Mitschülerin schreibt.

Es war ein ganz gewöhnlicher Tag. Die Sonne schien, die Spatzen tschilpten. Kuralai kehrte die Stube. Plötzlich schrak sie zusammen. Die Tür öffnete sich knarrend, und auf der Schwelle stand ein Mann, ungewöhnlich groß, braungebrannt und breitschultrig. Erleichtert erkannte das Mädchen ihn: Es war der Vater von Maksut, einem ihrer Mitschüler. Sie grüßte ihn freundlich.
Doch der Mann antwortete nicht, er starrte sie still verharrend an. Da merkte Kuralai, wie ihr ein kalter Schauer über den Rücken lief: Maksuts Vater weinte. „Das ist für dich, Tochter", brachte er angestrengt hervor. „Ich habe es unter seinem Kopfkissen gefunden." Er reichte ihr einen Brief und ging ohne ein weiteres Wort. „Bitte nicht lesen. Nach meinem Tod Kuralai übergeben", stand darauf. Warum gerade mir und nicht irgendeinem anderen Mädchen? dachte Kuralai beklommen. Sie setzte sich, und zögernd öffnete sie das Kuvert.
„Kuralai!" las sie. „Wenn Du diesen Brief bekommst, werde ich schon unter der Erde sein, im ewigen Schlaf. Entschuldige, daß ich Dich störe, daß ich Dich vielleicht erschrecke, doch ich muß unbedingt schreiben und unbedingt an Dich, obwohl Du mich, Deinen bald schon ehemaligen Mitschüler, kaum kennst. Möglich, daß es nicht angenehm ist für Dich, dies zu lesen – doch an jemand anderen möchte ich mich nicht wenden.

Alles, was ich hatte, meine Pläne, meine Träume, alles, alles ist zerstört. Ich fühle mich elend, mein ganzer Körper tut höllisch weh. Manchmal lassen die Schmerzen nach, dann atme ich auf, ja, und in solchen Momenten schreibe ich. Ich habe das Gefühl, noch etwas sagen zu müssen, bevor ich sterbe, etwas Wichtiges. Sterben, ich weiß es, werde ich schon bald. Ich fühle es. Und auch das Hinundherhasten der Erwachsenen, die Blicke der Ärzte lassen keinen Zweifel am tödlichen Ausgang, wie sie zu sagen pflegen. Man könnte zur Heilung nach Japan oder in die USA fliegen, aber woher das viele Geld nehmen? Einige Kinder aus Kasachstan wurden zur Heilung ins Ausland geschickt. Niemand weiß genau, wie viele es sind, Kranke so wie ich. Die einen werden früher sterben, andere später.

Kuralai! Ich kam neu in Eure Klasse. Und Du hast Dich nie für mich interessiert. Natürlich nicht, ich bin mager, blaß, kränklich, ja regelrecht blau angelaufen. (Woran nur hält sich meine Seele fest? Sport würde ich treiben, Muskeln ansetzen, aber meine Krankheit läßt mich nicht.) Deshalb haben die Jungen es mir gegeben, mich verprügelt und gehänselt, oft hatte ich feuchte Augen. Glaub nicht, daß die Tränen von den Schmerzen kamen, ich war nur so gekränkt. Es ist ungerecht. Ich verstehe die Jungen nicht, gesund und braungebrannt wie Pfannkuchen sind sie und suchen Streit mit Schwachen. Und dann brüsten sie sich vor den Mädchen, spielen die Helden. Aber am meisten kränkt mich die Grausamkeit derer, die schuld daran sind, daß es mir schlechtgeht. Ihretwegen bin ich ein wandelndes Skelett. Und warum heilen sie mich nicht? Wo sie jeden Tag im Fernsehen prahlen, ja, wir sind der Staat, wir sind das Volk. Sind das etwa Menschen? Zweibeinige Kreaturen! Ich verstehe nicht, warum sie so stumpf sind, wie sie zusehen können, wenn Kinder sterben müssen. Und dabei graben sie sich ihr eigenes Grab. Müßten sie doch genau wissen, daß die radioaktiven Strahlen der Bomben sich überall verbreiten, in der Luft, die sie atmen, im Brot, das sie essen. Warum führen sie dann solche Versuche durch?

Alle wissen, seit Hiroshima und Nagasaki, was Atombomben anrichten.[1]) Aber wissen auch alle, daß bei uns in Kasachstan, nur auf dem Gelände Semipalatinsk, mehr als zweitausendmal so viele solcher Bomben gezündet wurden? Wenn es die Perestroika[2]) nicht gäbe, wäre alles geheim ge-

1) Die Amerikaner hatten am 6. und 9. August 1945 Atombomben eingesetzt, um den Krieg gegen Japan zu beenden. Damals starben 200 000 Menschen sofort, die Zahl der Opfer stieg aber in den folgenden Jahrzehnten durch die radioaktive Verstrahlung des Landes noch erheblich an. Siehe dazu auch den Text „Der Tod von Hiroshima“ von Karl Bruckner, in: Geschichte und Abenteuer, Heft 4, Bamberg 1995, S. 83–88.

2) Perestroika: russ. Umbau, Umgestaltung. Das Wort steht für die von Michail S. Gorbatschow (*1931) von 1985 bis 1991 durchgeführte Reformpolitik in der Sowjetunion.

blieben, und die Kinder würden nicht wissen, weshalb sie wie Fliegen krepieren …

Ich glaube ein Recht darauf zu haben, wieder und wieder von all dem Schrecklichen zu sprechen. Denn ich bin ein Opfer der Bomben. Ich bin ohne Schuld und doch mit Schuld beladen. Eines ist gut: 1991, im Jahr meines Todes, wurde das Versuchsgelände endlich geschlossen. Möge es für ewig sein!

Kuralai, ich schreibe Dir nicht, um mich bei Dir auszuweinen, sondern weil … oder anders, ich habe einen einzigen Wunsch: Dir zu sagen, was Du mir bedeutest. Mit vierzehn Jahren ist es vielleicht noch etwas früh, an so was zu denken. Doch ich habe keine Scheu … Wenn Du singst, Kuralai, vergesse ich alles. Es gibt auf der Welt niemanden, der glücklicher ist als ich, wenn ich Deine Lieder höre. Und ich fühle mich … ich weiß nicht wie … irgendwie so leicht. Und dann merke ich, wie gern ich Dich habe. Wenn Du singst, bist Du wie eine Fee …"

Die Zeilen verschwammen vor Kuralais Augen. Der Tag fiel ihr ein, an dem Maksut sich von der Klasse verabschiedete. Nicht nur für ein paar Wochen, wie einige Male zuvor, wenn er ins Krankenhaus ging. Diesmal war es endgültig, daß er wegbleiben würde … Und jeder wußte es. Sie las weiter. „Manchmal denke ich: So, nun sterbe ich bald. Wenn ich Dich nur noch einmal singen hören könnte! Aber wer singt schon, wenn ein Mensch im Sterben liegt? So träume ich davon. Wenn Du wüßtest, was das für ein Glück ist!

Kuralai: Gestern konnte ich nicht weiter, war zu schwach; alles tat mir weh, und ich war müde. Seit heute morgen geht es ein wenig besser, so will ich Dir nun weiter von dem schreiben, was ich auf dem Herzen habe.

Einmal waren wir mit Vater in den Bergen, um Honig zu sammeln. Was wir da sahen! Einen einzigen Bienenfriedhof. Der Nektar der Apfelblüten war vergiftet worden. Aus Flugzeugen hat man Schädlingsbekämpfungsmittel versprüht, um die Blätter der Bäume vor Raupen zu schützen … Nicht weit davon entfernt rauschte ein Bergfluß. Ich wollte daraus trinken. Aber Vater hinderte mich daran, er sagte, daß auch das Wasser vergiftet sei. Nun frage ich Dich: Werden damit nicht die Felder bewässert? Was also birgt heutzutage nicht den Tod in sich? Ich weiß nicht, wie es Dir und den anderen geht, aber ich denke oft über das alles nach. Wenn ich gesund wäre, würde ich möglicherweise sorglos leben, nichts bemerken. Aber wenn Du nicht die Kraft hast, Dich aus dem Bett zu erheben, kommen Dir solche Gedanken fast von selbst. – Ich glaube, daß nicht nur die Bomben und ihre Strahlen gefährlich sind. Deshalb paßt auf, ich bitte Dich, daß nicht alles vergiftet wird, jeder Bach, die Felder, der Wald. Denn Ihr müßt doch leben können!

Man denkt sehr viel nach, vergleicht die zwei Welten. Mir erscheint die, in der Ihr seid, voller Licht. Und je näher der Tod, desto schwerer ist mir der Gedanke, daß mir nicht mehr viel Zeit bleibt. So liege ich im Fieber, erinnere mich an alles, wie es war. Es ist so schwer, Euch zu verlassen. Kairat, der davon träumt, ein großer Judoka zu werden, und Achmed, der unzertrennlich ist mit seinem Hund, alle, alle ... und Dich.

Kuralai, ich habe nichts zu verbergen. Wie gern ich doch stark wäre, aber wenn ich allein bin, weine ich oft. Denn ich habe nichts gesehen, nichts erfahren in meinem Leben. Seit ich mich erinnern kann, bin ich krank gewesen. Manchmal stelle ich mir vor, daß all meine Tränen zu Stein werden müßten, ein hoher Berg würde das sein, den könnte die ganze Welt sehen. Vielleicht würde mancher sich dann eines Besseren besinnen!

Ich versuche, meine Tränen vor meinen Eltern zu verbergen. Wenn sie merken, daß ich mich quäle, verlieren sie einfach den Verstand. Mein Vater packt, auf dem Pferd sitzend, mit einer Hand einen starken Hammer, beißt die Zähne zusammen, um die Spannung in seinem Körper zu lösen. Er hat nicht die Kraft, die Tränen zu verbergen, drückt mich fest an sich und spricht zu mir mit zusammengebissenen Zähnen: ‚Du, mein Fohlen, ich überlasse dich nicht dem Tod. Wer nur versucht, dich meinen Armen zu entreißen, ich drehe ihm den Hals um. Ich werde betteln gehen, irgendwie beschaffe ich das Geld für deine Heilung. Ich bringe dich ins Ausland. Nur ... ich bitte dich, hab noch etwas Geduld, mein Licht, meine Seele.' Wenn ich meinen Vater leiden sehe, vergesse ich meine Krankheit. Und Mutter, früher konnte sie nicht aufhören zu weinen, jetzt wird sie oft ohnmächtig.

Mögen die verflucht sein, die uns den Tod und die Tränen gebracht haben! Was haben wir Kinder ihnen getan, wofür ...?

Kuralai! Die ganze Wahrheit sagt man nur dem, den man liebt, so auch ich ... Ich habe noch viel auf dem Herzen. Mein Traum war, Dichter oder Schriftsteller zu werden, wenn ich erwachsen bin, aber was soll's ...

An diesem Brief schreibe ich schon drei Tage. Ich werde von Tag zu Tag schwächer. Der Füller zittert in meiner Hand, im Kopf dreht sich alles. Aber wie sehr ich mich auch quäle, wie erschöpft ich auch bin, es schmerzt mich, von Euch zu gehen. Das einzige was bleibt, ist dieser Brief. Möge er ein Hilferuf sein, ein SOS!-Ruf.

Kuralai ...! Ich fühle mich so schwach ... Verzeih mein Gekrakel. Ich zittere am ganzen Leib. Verzeih, daß mir so schwer ums Herz ist. Wenn ich sterbe, lies zuerst Du diesen Brief, dann sollen ihn ruhig auch die anderen lesen. Ich erlaube es.

Kuralai, ich werde mich ewig nach Euch sehnen! Jetzt verabschiede ich mich von allen auf immer. Ich umarme Euch, küsse Euch alle.

Mit einem letzten Gruß

Maksut"

Am Tag seines Todes hat er ihn beendet, dachte Kuralai, auf das Blatt schauend, auf dem die Buchstaben wie im Nebel untertauchten, die letzten Buchstaben des Briefes ... ■

Aus: Pawel Fraenkel/Margarete Gorschenek (Hrsg.), Roter Stern zerplatzt. Geschichten vom Umbruch in der Sowjetunion. Ravensburg: Otto Maier 1993, S. 134–139

Aus dem Tagebuch eines Kriegskindes

Zlata Filipović

Mit dem Zusammenbruch des Kommunismus im Ostblock begann auch der Zerfall des Vielvölkerstaates Jugoslawien. Zwei Tage nachdem Slowenien und Kroatien ihre Unabhängigkeit von Belgrad erklärt hatten (27. Juni 1991), versuchte die vor allem von Serben geführte Jugoslawische Bundesarmee den Zerfall des Staates aufzuhalten: Der Krieg hatte begonnen und griff rasch von Slowenien nach Kroatien über. Ohne Rücksicht darauf zu nehmen, daß die meisten ehemaligen jugoslawischen Republiken in sich selbst wieder kleine Vielvölkergebilde darstellten, begannen nationalistische Politiker und Militärs unter dem Vorwand, nun das Selbstbestimmungsrecht ihrer Völker zu verwirklichen, ihre Einflußbereiche mit Gewalt auszuweiten. Ein grausames Unterfangen, wie der zwischen Serben, Kroaten und Bosniern (Muslimen) geführte Krieg in Bosnien-Herzegowina zeigte. Der Krieg begann hier 1992. Erst im November 1995 wurde ein Friedensvertrag zwischen den Konfliktparteien möglich. Die Kämpfe haben über 300 000 Tote gefordert und bedeuteten für rund vier Millionen Menschen Flucht und Vertreibung. Der Krieg hat nicht nur menschliches Elend verursacht, sondern auch die Wirtschaft ruiniert und viele unersetzbare Kulturdenkmäler zerstört.
Einen Eindruck vom Kriegsalltag in Sarajevo, der Hauptstadt Bosnien-Herzegowinas, vermitteln die 1994 veröffentlichten Tagebucheintragungen eines Mädchens.

Samstag, 18. April 1992

Dear Mimmy[1]),
Bombenangriffe, Granaten. Es ist wirklich *Krieg*. Papa und Mama machen sich große Sorgen; gestern abend sind sie spät ins Bett gegangen und haben sich lange unterhalten. Sie überlegen, was zu tun ist, aber es ist schwer, einen klaren Kopf zu behalten. Sollen wir weggehen und uns

1) Zlata hat ihrem Tagebuch den Namen „Mimmy" gegeben. Vorbild dafür war ihr das Tagebuch des im Konzentrationslager von Bergen-Belsen ermordeten jüdischen Mädchens Anne Frank (1929–1945), die ihre Aufzeichnungen stets mit „Liebe Kitty" begann.

trennen oder alle zusammen hierbleiben? Keka will mich nach Ohrid bringen. Dieses Dilemma macht Mama fertig, sie weint ununterbrochen, auch wenn sie versucht, es mir nicht zu zeigen. Aber ich sehe alles. Ich sehe sehr wohl, daß es hier schlecht aussieht. Mit dem Frieden ist es vorbei. Plötzlich ist der Krieg in unsere Stadt gekommen, in unser Haus, in unsere Köpfe, in unser Leben. Es ist schrecklich. Genauso schrecklich wie Mama zuzugucken, wie sie meinen Koffer packt.

In Liebe, Zlata.

Montag, 20. April 1992

Dear Mimmy,

der Krieg sieht nach allem möglichen aus, nur nicht nach einem Scherz. Er zerstört, tötet, verbrennt, trennt, bringt Unglück. Heute ist ein Granatenregen auf die Baščarčija niedergegangen, das alte Stadtzentrum von Sarajevo. Grauenvolle Explosionen. Wir sind in den Keller hinunter – dort ist es kalt und ganz dunkel. Es ist trostlos. Und unser Keller ist nicht einmal sicher. Wir haben uns alle drei, Papa, Mama und ich, in eine Ecke gekauert, wo wir das Gefühl hatten, in Sicherheit zu sein. Im Dunkeln, dicht bei Papa und Mama, von ihren Körpern gewärmt, hab ich daran gedacht, Sarajevo zu verlassen. (Wie alle). Aber alleine wegzugehen, Papa und Mama zu verlassen und Großvater und Großmutter, das könnte ich nicht. Und nur mit Mama weggehen, das wäre auch nicht gut. Das beste wäre, wenn wir alle drei gehen würden. Aber Papa könnte das wahrscheinlich nicht. Also habe ich beschlossen, daß wir zusammenbleiben. Morgen werde ich Keka sagen, daß man tapfer sein muß, daß man bei denen bleiben muß, die man liebt und die einen lieben. Ich kann Papa und Mama nicht verlassen, und Papa ganz alleine hierzulassen, das gefällt mir auch nicht.

Deine Zlata

[…]

Montag, 29. Juni 1992

Dear Mimmy,

Ich halte diesen Kanonendonner nicht mehr aus!!! Die Granaten, die ständig vom Himmel fallen!!! Die vielen Toten!! Unsere Verzweiflung!! Den Hunger!! Das Elend!!! Die Angst!!!

Nur aus diesen Dingen besteht mein Leben!

Man kann doch einer unschuldigen elfjährigen Schülerin nicht vorwerfen, daß sie lebt!! Einer Schülerin, die keine Schule mehr hat, keine Freude, sich überhaupt nicht mehr wie ein Kind vorkommt. Ein Kind, das nicht mehr spielt, das ohne Freunde, ohne Sonne, ohne Vögel, ohne Natur, ohne Obst, ohne Schokolade, ohne Bonbons ist und nur ein wenig

Milchpulver hat. Ein Kind, das – kurz gesagt – keine Kindheit mehr hat. Ein Kriegskind. Jetzt kapier ich wirklich, daß ich mitten im Krieg lebe, daß ich einen schmutzigen, widerlichen Krieg erlebe. Ich und auch Tausende anderer Kinder in dieser Stadt, die langsam zerstört wird, die weint, klagt und auf Hilfe hofft, die nicht kommen wird. Mein Gott, wird das alles eines Tages aufhören, werd ich je wieder in die Schule gehen können und wieder ein Kind werden, das froh ist, ein Kind zu sein? Man hat mir einmal gesagt, die Kindheit wäre die schönste Zeit im Leben. Ich war ein glückliches Kind, aber dieser Krieg hat mir alles genommen. Warum nur? Ich bin traurig. Ich möchte weinen. Ich weine.

Deine Zlata

[...]

Donnerstag, 1. Oktober 1992

Dear Mimmy,

nach dem Frühling und nach dem Sommer kommt nun der Herbst. Wir haben bereits Oktober. Und der Krieg geht weiter. Die Tage werden kürzer und immer kälter. Bald müssen wir den alten Ofen in die Wohnung hinaufschleppen. Aber mit was sollen wir heizen? Haben die uns hier in Sarajevo vergessen? Sollen wir wirklich den ganzen Winter über ohne Wasser, Gas und Strom auskommen und das mitten im Krieg?

Und die ganze Zeit über streiten und verhandeln die „Jungs da oben". Ob sie jetzt bald mal die Güte haben, sich zu einigen? Ja oder nein? Man muß sich wirklich fragen, ob die überhaupt an uns denken, wenn sie verhandeln, oder sind wir ihnen ganz egal, überlassen sie uns unserem traurigen Schicksal?

Papa stöbert im Speicher und im Keller herum und sucht nach Holz. Ich fürchte, einige unserer Möbel werden im Ofen enden, wenn die Lage vor dem Winter nicht besser wird. Auch hab ich das Gefühl, daß uns alle vergessen haben und daß dieser Wahnsinn immer so weitergeht. Wir müssen da allein durch, uns muß selbst was einfallen, wie wir mit dem Winter fertig werden, der uns zu allem anderen noch droht.

Mama ist völlig von der Rolle aus der Arbeit gekommen. Sie hat zwei Kollegen aus Grbavica getroffen. Es stimmt anscheinend, daß die Leute dort massenweise vertrieben werden. Von Mamas Familie, von Nedos Familie, von Lalo – keine Spur, kein Lebenszeichen. Nedo ist halbtot vor Sorge.

Deine Zlata

Donnerstag, 19. November 1992

Dear Mimmy,

von der Politik gibt's nichts Neues. Sie verabschieden Resolutionen, die „Jungs da oben" diskutieren und verhandeln, und in der Zwischenzeit sterben wir, frieren wir, verhungern wir, weinen wir, verabschieden wir uns von unseren liebsten Freunden.

Die ganze Zeit versuche ich, diese blöde Politik zu kapieren, denn ich hab wirklich das Gefühl, *sie* hat diesen Krieg ausgelöst, und es ist ihre Schuld, daß der Krieg unser Alltag geworden ist. Der Krieg ist in unser Leben eingebrochen, er hat es zu einem einzigen Horror gemacht, und heute ist nicht mal mehr für eine Sekunde Ruhe, wir haben nur noch Angst. Ich hab den Eindruck, daß die Poltik bedeutet: Serben, Kroaten und Moslems. Das sind aber doch alles Menschen. Alle sind gleich. Einer ist wirklich wie der andere. Daß alle Arme, Beine und einen Kopf haben, daß sie laufen, sprechen, aber jetzt will man sie unbedingt anders machen als die anderen.

Unter meinen Schulkameraden und Freunden und in meiner Verwandtschaft gibt es Serben, Kroaten, Moslems. Wir sind also eine ganz gemischte Gruppe Leute, und ich hab mir nie überlegt, wer Serbe, Kroate oder Moslem ist. Und jetzt hat sich die Politik da hineingemischt. Sie hat den Serben ein „S", den Moslems ein „M" und den Kroaten ein „K" umgehängt. Sie will sie auseinanderbringen. Und sie hat diese Buchstaben mit einem Stift geschrieben, der so schwarz ist wie der Tod. Es ist der Stift des Krieges, der nur Unglück und Grauen schreiben kann.

Warum macht uns die Politik so unglücklich, warum will sie uns voneinander trennen, wo wir doch auch ohne sie wissen, wer gut und wer schlecht ist? Mit den guten Menschen sind wir zusammen, mit den schlechten nicht. Unter den Guten gibt's Serben, Kroaten und Moslems. Und auch unter den Schlechten gibt es alle drei. Ich geb ja zu, ich versteh nicht viel von Politik, ich bin noch „klein", und das ist Sache der „Großen". Aber trotzdem hab ich das Gefühl, daß wir „Kleinen" eine bessere Politik machen würden. Wir hätten bestimmt keinen Krieg angefangen.

Die „Jungs da oben" haben ihren Spaß, und deshalb können wir keinen Spaß mehr haben. Deswegen verhungern wir, leiden wir, dürfen wir uns nicht mehr an der Sonne, an den Blumen erfreuen – deswegen können wir unsere Kindheit nicht genießen. *Deswegen weinen wir.*

Ich hab hier ein bißchen so vor mich hin philosophiert, aber ich war allein und ich hatte das Gefühl, daß ich Dir, Mimmy, das alles sagen kann. Du verstehst mich. Ich bin so froh, daß ich Dich habe, daß ich Dir schreiben kann.

In Liebe, Zlata ■

Aus: Zlata Filipović, Ich bin ein Mädchen aus Sarajevo. Bergisch-Gladbach: Gustav Lübbe [3]1994, S. 38–39, 64–65, 89–90, 100–101.

Zeitleiste

	Frühjahr 1945	*Johannas Oma kommt aus dem zerstörten Nürnberg*
1945	7./8. Mai	**Bedingungslose Kapitulation Deutschlands; Ende des Zweiten Weltkrieges in Europa**
		Die 17jährige Gudrun erlebt das Kriegsende und muß ihre „Rosinkawiese" verlassen
	26. Juni	**Gründungsversammlung der Vereinten Nationen; Hauptziel der neuen Weltorganisation ist die Erhaltung des Friedens**
	2. Sept.	**Bedingungslose Kapitulation Japans nach den Atombombenabwürfen der USA auf Hiroshima und Nagasaki; Ende des Zweiten Weltkrieges**
	Juli/Aug.	**Konferenz der Siegermächte in Potsdam**
	1947	*Frau Kagelmann versucht, auf dem Schwarzen Markt einzukaufen*
1948	20. Juni	**Währungsreform in den drei Westzonen**
		Oma Mariechen vergißt ihre Sparsamkeit
1949	23. Mai	**Gründung der Bundesrepublik Deutschland**
	7. Okt.	**Gründung der DDR**
	Anfang der 50er	*Bruno berichtet, warum er in ein Arbeitslager kam*
1953	17. Juni	**Volksaufstand in der DDR**
1956	Okt./Nov.	**Volksaufstand in Ungarn**
		Ein junger Kadett erlebt den Aufstand in Budapest
1961	13. Aug.	**Bau der Berliner Mauer**
		Rolf spricht mit seiner Mutter über die Flucht seines Vaters und den Bau der Mauer
	1963	*Martin Luther King kämpft für Bürgerrechte*
1964–1973		**Massiver Militäreinsatz der Amerikaner in Vietnam**
1966–1969		**Kulturrevolution in der Volksrepublik China**
	1966	*Jack Cheng berichtet über die Roten Garden*
1968		**Einmarsch der Warschauer-Pakt-Truppen in die ČSSR**
	1969	*Während der Amerikaner Neil Armstrong als erster Mensch den Mond betritt, haben es die Menschen auf der Erde mit den „alten" Konflikten und Problemen zu tun*
	8. Juni 1972	*Kim Phuc wird Opfer einer Napalmbombe*
	Anfang der 80er	*Inka fürchtet sich vor der deutsch-deutschen Grenze*
	Mitte der 80er	*Ein Sechzehnjähriger sucht Erinnerungsstücke aus der Nazizeit*
		Sandra ist über die Fremdenfeindlichkeit entsetzt
1985–1991		**Der sowjetische Partei- und Staatschef Gorbatschow bekennt sich zur Abrüstung und zum Selbstbestimmungsrecht der Völker; er versucht, die katastrophalen wirtschaftlichen und politischen Verhältnisse in der Sowjetunion zu überwinden**
1989–1990		**Demokratische Revolutionen in Ostmitteleuropa (Polen, ČSSR, Ungarn, Rumänien, Bulgarien)**
	9. Okt. 1989	*Isabell nimmt an der großen Montagsdemo in Leipzig teil*
1989	9. Nov.	**Öffnung der Berliner Mauer**
1990	3. Okt.	**Die Einheit Deutschlands ist wiederhergestellt**
		Auflösung der Sowjetunion
		Kuralai erhält den Abschiedsbrief eines Opfers sowjetischer Atomwaffenversuche
1992–1995		**Krieg in Bosnien-Herzegowina**
	1992	*Zlata gibt Auskunft über den Kriegsalltag in Sarajevo*

Lesetips*

Allgemeine Sachbücher und Sammelwerke

Aanderud, Kai-Axel: Dreißig Jahre Berliner Mauer. Recklinghausen: Bitter
Informatives Sachbuch über die 29 Jahre, in denen die Mauer stand.

Harranth, Wolf (Hrsg.): Wohin geht Europa? Wien: Jugend und Volk
Schriftsteller und Journalisten berichten vom Umbruch von 1989/90 in der DDR und in den anderen Staaten.

Loerzer, Sven (Hrsg.): Große Frauen unserer Zeit. Bindlach: Loewe
Informative Kurzbiographien über das Schicksal von 18 bedeutenden Frauen des 20. Jahrhunderts

Popp, Georg (Hrsg.): Die Großen der Welt. Würzburg: Arena
Sammelband mit Kurzbiographien bedeutender Persönlichkeiten.

Popp, Georg (Hrsg.): Die Großen der Versöhnung. Würzburg: Arena
Sammelband mit 42 Porträts bedeutender Persönlichkeiten von Jesus von Nazareth bis Gorbatschow, die sich in den Dienst von Frieden und Aussöhnung unter den Menschen gestellt haben.

Schönfeldt, Sybill Gräfin (Hrsg.): Der Krieg ist aus – und nun? Sommer '45. München: dtv
Berichte, Erfahrungen, Bekenntnisse aus dieser Zeit.

Stephan-Kühn, Freya: Was in den Höhlen begann ... Die Geschichte Europas in Geschichten. Würzburg: Arena
Erzählendes Sachbuch über Höhepunkte und Krisenzeiten der europäischen Geschichte.

Wildermuth, Rosemarie (Hrsg.): Vom Gestern zum Heute. 200 Jahre deutsche Geschichte in Texten und Dokumenten. München: dtv
Eine Sammlung von Dokumenten, Briefen, Reden und Erinnerungen zur deutschen Geschichte.

Romane, Erzählungen, Lebensbeschreibungen und Berichte

Abdel-Qadir, Ghazi: Die sprechenden Steine. Roman. Weinheim: Beltz & Gelberg
Eine einfühlsame Erzählung über die ersten Monate der Intifada aus der Sicht eines jungen Palästinensers, der von Versöhnung und Frieden träumt.

Abraham, Peter/Gorschenek, Margarete (Hrsg.): Wahnsinn! Geschichten vom Umbruch in der DDR. Ravensburg: Maier
Schriftsteller der DDR erzählen in dem Buch, wie Kinder und Jugendliche die Zeit des Umbruchs erlebt haben.

Baehr, Vera-Maria: Wir denken erst seit Gorbatschow. Recklinghausen: Bitter
Die Gesprächsprotokolle mit Jugendlichen aus der DDR geben einen Einblick in die seelische Verfassung der jungen Menschen, die in der DDR aufwuchsen.

Bayer, Ingeborg: Zeit für Hora. Würzburg: Arena
Roman über die Einwanderung der Juden nach Palästina und die Gründung des Staates Israel.

Bell, William: Der Platz des Himmlischen Friedens. Wien: Jugend & Volk
Der 17jährige Kanadier Alexander und sein Vater werden in die Demonstrationen im Mai und Juni 1989 in Peking verwickelt.

Bintig, Ilse: Trümmer und Träume. Recklinghausen: Bitter
In einem autobiographischen Bericht schildert die Autorin ihre Erfahrungen im ersten Jahr nach dem Ende des Zweiten Weltkrieges. Eine Weltanschauung ist zerbrochen.

Danyan, Chen: Neun Leben. Eine Kindheit in Shanghai. Frauenfeld/Zürich: Nagel & Kimche
Eine chinesische Journalistin erzählt von ihrer Kindheit und Jugend während der Kulturrevolution.

van Dick, Lutz: Feinde fürs Leben? Reinbek: Rowohlt
Ein Buch über die Auseinandersetzungen zwischen israelischen Soldaten und steinewerfenden palästinensischen Jugendlichen.

Fröhlich, Roswitha: Ein Ticket zurück. Stuttgart: Thienemann
Jossy Mayer, die mit ihren Eltern nach 1933 in die USA emigrierte, besucht nach dem Krieg Deutschland.

* Unberücksichtigt bleiben hier die Titel, aus denen Texte vorgelegt wurden.

Groszer, Franziska: Rotz und Wasser. Hamburg: Dressler
Oli lebt in Ost-Berlin. Als seine Freundin Nana in den Westen verschwindet und seine Mutter immer stärker vom Staatssicherheitsdienst unter Druck gesetzt wird, erwacht er aus seiner Arglosigkeit.

Groszer, Franziska: Julia Augenstern. Mitten am Rande der Welt. Hamburg: Dressler
Eine Mädchenfreundschaft vor dem Hintergrund des Zusammenbruchs der DDR.

Härtling, Peter: Krücke. Weinheim: Beltz & Gelberg
Geschichte über das Leben eines Jungen im Wien der Nachkriegszeit.

Herfurtner, Rudolf: Wunderjahre. Hannas Geschichte. Wien: Ueberreuter
Die Geschichte Hannas, die sich in einer fremden Familie einleben muß, spielt in den 50er Jahren.

Hetmann, Frederik: Martin Luther King. Ravensburg: Maier
Lebensbeschreibung des Mannes, der mit Gerechtigkeitssinn, Glauben und Mut zum Führer der amerikanischen Bürgerrechtsbewegung wurde.

Heyne, Isolde: Ankunft im Alltag. Freiburg: Herder
(Der 15jährigen Grit fällt es nach ihrer Übersiedlung aus der DDR schwer, sich in der Bundesrepublik zurechtzufinden.

Hohenester, Walther: Der Juli-Apfelbaum. München: Lentz
Roberts Vater wird von der amerikanischen Militärpolizei abgeholt. In der Schule wird ein Film über die Judenvernichtung gezeigt. Was ist wirklich geschehen? Geschichten aus dem Nachkriegsdeutschland.

Ingermann, Beatrice: Eine lange Reise. Ravensburg: Maier
Die Fluchtgeschichte eines Mädchens aus Vietnam.

Jicai, Feng: Leben! Leben! Leben! Ein Mann, ein Hund und Mao Zedong. Aarau: Sauerländer
Roman über das Schicksal einer chinesischen Familie zur Zeit der Kulturrevolution.

Kaiser, Heidi: Linden blühen überall. Würzburg: Echter
Die Geschichte eines Mädchens, das mit seiner Familie Ende der 50er Jahre in der DDR lebt.

Kordon, Klaus: Der erste Frühling. Weinheim: Beltz & Gelberg
Roman über das Ende des Zweiten Weltkrieges und die Hoffnung auf einen Neuanfang.

Kuntze, Peter: Himmlischer Frieden. München: dtv
Eine Liebe in den dramatischen Wochen des Pekinger Frühlings.

Lehnhof, Uli: Kriegskind. Recklinghausen: Bitter
Duro, ein Junge aus Bosnien, erlebt den Tod von Freunden, erleidet Hunger und Kälte. Schließlich flieht die Familie nach Deutschland, dorthin, wo anscheinend Frieden herrscht.

Noack, Hans-Georg: Der gewaltlose Aufstand. Würzburg: Arena
Bericht über das Streben der farbigen Amerikaner nach Gleichberechtigung.

Pestum, Jo: Die Schwarzfüße. Stuttgart: Thienemann
Eine Jungenbande erlebt den Sommer 1946 im Ruhrgebiet.

Philipps, Carolin: Der zweite Prozeß. Freiburg: Herder
Als ein ehemaliger Grenzsoldat, der Rachels Bruder bei einem Fluchtversuch an der innerdeutschen Grenze erschossen hat, nach der Wende von einem Gericht freigesprochen wird, rächt das Mädchen seinen Bruder.

Preuß, Gunter: Stein in meiner Faust. Ravensburg: Maier
Alexander will sich um jeden Preis von seinen Eltern und deren Stasi-Vergangenheit lösen und gerät dabei in eine Welle der Gewalt.

Schröder, Burkard: Ich war ein Neonazi. Reportage über den Aussteiger Ingo Haßelbach. Ravensburg: Maier
Ingo will einen Schlußstrich unter seine Neonazi-Karriere ziehen. Er schildert sie Etappe für Etappe bis zum Ausstieg.

Thomas, Frances: Lieber Klassenfeind. München: dtv
Briefwechsel zwischen einer jungen überzeugten Sozialistin aus der DDR und einem eher konservativen Jungen aus der Bundesrepublik.

Tollmien, Cordula: Fundevogel oder Was war, hört nicht einfach auf.
Weinheim: Beltz & Gelberg
Roman über die Nachkriegszeit im zerstörten Dresden.

Zinn, Dorit: Uta, Käse, Buttermarken. Fellbach: Spectrum
Während sich die Erwachsenen 1947 mit Lebensmittelproblemen, Stromsperren und Schwarzmarktgeschäften abplagen, stromern die Mädchen und Jungen einer Bande zwischen den Ruinen herum.